U0033742

吳忠信日記
（1926-1929）

The Diaries of Wu Chung-hsin, 1926-1929

民國日記｜總序

呂芳上

民國歷史文化學社社長

人是歷史的主體，人性是歷史的內涵。「人事有代謝，往來成古今」（孟浩然），瞭解活生生的「人」，才較能掌握歷史的真相；愈是貼近「人性」的思考，才愈能體會歷史的本質。近代歷史的特色之一是資料閎富而駁雜，由當事人主導、製作而形成的資料，以自傳、回憶錄、口述訪問、函札及日記最為重要，其中日記的完成最即時，描述較能顯現內在的幽微，最受史家重視。

日記本是個人記述每天所見聞、所感思、所作為有選擇的紀錄，雖不必能反映史事整體或各個部分的所有細節，但可以掌握史實發展的一定脈絡。尤其個人日記一方面透露個人單獨親歷之事，補足歷史原貌的闕漏；一方面個人隨時勢變化呈現出不同的心路歷程，對同一史事發為不同的看法和感受，往往會豐富了歷史內容。

中國從宋代以後，開始有更多的讀書人有寫日記的習慣，到近代更是蔚然成風，於是利用日記史料作歷史研究成了近代史學的一大特色。本來不同的史料，各有不同的性質，日記記述形式不一，有的像流水帳，有的生動引人。日記的共同主要特質是自我（self）與私密（privacy），史家是史事的「局外人」，不只注意史實的追尋，更有興趣瞭解歷史如何被體驗和講述，這時對「局內人」所思、所行的掌握和體會，日記便成了十分關鍵的材料。傾聽歷史的聲音，重要的是能聽到「原音」，而非「變音」，日記應屬原音，故價值高。1970年代，在後現代理論影響下，檢驗史料的潛在偏見，成為時尚。論者以為即使親筆日記、函札，亦不必全屬真實。實者，日記記錄可能有偏差，一來自時代政治與社會的制約和氛圍，有清一代文網太密，使讀書人有口難言，或心中自我約束太過。顏李學派李塨死前日記每月後書寫「小心翼翼，俱以終始」八字，心所謂為危，這樣的日記記錄，難暢所欲言，可以想見。二來自人性的弱點，除了「記主」可能自我「美化拔高」之外，主觀、偏私、急功好利、現實等，有意無心的記述或失實、或迴避，例如「胡適日記」於關鍵時刻，不無避實就虛，語焉不詳之處；「閻錫山日記」滿口禮義道德，使用價值略幾近於零，難免令人失望。三來自旁人過度用心的整理、剪裁、甚至「消音」，如「陳誠日記」、「胡宗南日記」，均不免有斧鑿痕跡，不論立意多麼良善，都會是史學研究上難以彌補的損失。史料之於歷史研究，一如「盡信書不如無書」的話語，對證、勘比是個基本功。或謂使用材料多方查證，有如老吏斷獄、法官斷案，取證求其多，追根究柢求其細，庶幾還原案貌，以證據下法理註腳，盡力讓歷史真相水落可石出。是故不同史料對同一史事，記述會有異同，同者互證，異者互勘，於是能逼近史實。而勘比、互證之中，以日記比證日記，或以他人日記，證人物所思所行，亦不失為一良法。

從日記的內容、特質看，研究日記的學者鄒振環，曾將日記概分為記事備忘、工作、學術考據、宗教人生、游歷探險、使行、志感抒情、文藝、戰難、科學、家庭婦女、學生、囚亡、外人在華日記等十四種。事實上，多半的日記是複合型的，柳貽徵說：「國史有日歷，私家有日記，一也。日歷詳一國之事，舉其大而略其細；日記則洪纖必包，無定格，而一身、一家、一地、一國之真史具焉，讀之視日歷有味，且有補於史學。」近代人物如胡適、吳宓、顧頡剛的大部頭日記，大約可被歸為「學人日記」，余英時翻讀《顧頡剛日記》後說，藉日記以窺測顧的內心世界，發現其事業心竟在求知慾上，1930 年代後，顧更接近的是流轉於學、政、商三界的「社會活動家」，在謹厚恂恂君子後邊，還擁有激盪以至浪漫的情感世界。於是活生生多面向的人，因此呈現出來，日記的作用可見。

晚清民國，相對於昔時，是日記留存、出版較多的時期，這可能與識字率提升、媒體、出版事業發達相關。過去日記的面世，撰著人多半是時代舞台上的要角，他們的言行、舉動，動見觀瞻，當然不容小覷。但，相對的芸芸眾生，識字或不識字的「小人物」們，在正史中往往是無名英雄，甚至於是「失蹤者」，他們如何參與近代國家的構建，如何共同締造新社會，不應該被埋沒、被忽略。近代中國中西交會、內外戰事頻仍，傳統走向現代，社會矛盾叢生，如何豐富歷史內涵，需要傾聽社會各階層的「原聲」來補足，更寬闊的歷史視野，需要眾人的紀錄來拓展。開放檔案，公布公家、私人資料，這是近代史學界的迫切期待，也是「民國歷史文化學社」大力倡議出版日記叢書的緣由。

導言

王文隆
南開大學歷史學院副教授

一、吳忠信生平

吳忠信（1884-1959），字禮卿，一字守堅，別號恕庵，安徽合肥人。1900 年八國聯軍攻陷北京，光緒帝與慈禧太后西逃，鑑於國難而前往江寧（南京）進入江南將弁學堂，時年僅十七。1905 年夏天畢業後，奉派前往鎮江辦理徵兵，旋受命為陸軍第九鎮第三十五標第三營管帶，開始行伍生涯。隔年經楊卓林介紹，秘密加入同盟會。1911 年武昌起義，全國響應。林述慶光復鎮江，自立為都督，任吳忠信為軍務部部長，後改委為江浙滬聯軍總司令部總執行法官兼兵站總監。

1912 年元旦，孫中山就任中華民國臨時大總統，奠都南京，吳忠信任首都警察總監。孫中山辭職後，吳忠信轉至上海《民立報》供職，二次革命討袁時復任首都警察總監，失敗後亡命日本，加入孫中山重建的中華革命黨。並於 1915 年，在陳其美（字英士）帶領下，與蔣中正同往上海法國租界參預討袁戎機，奠下與蔣中正的深厚情誼。1917 年，孫中山南下護法組織軍政府，吳忠信奉召前往擔任作戰科參謀，襄助作戰科主任蔣中正，兩人合作關係益臻緊密。爾後，吳忠信陸續擔任粵軍第二軍總指揮、桂林衛戍司令等職。1922 年，吳忠信作為孫中山的全權代表之一員，與段祺瑞、張作霖共商三方合作事宜。同年 4 月前往上海時，因腸胃病發作，辭去軍職，卜居蘇州。爾後數年皆以身體不適為辭，在家休養，與好友羅良鑑（字皓子）等人研究諸子百家。

1926 年 7 月，蔣中正就任國民革命軍總司令，誓師北伐，同年 11 月克復南昌後，邀請吳忠信出任總司令部顧問，其後歷任江蘇省政府委員、淞滬警察廳廳長、建設委員會委員、河北編遣委員會主任委員等職。1929 年，因國家需要建設，前往歐美考察十個月。1931 年 2 月奉派為導淮委員會委員，同月監察院成立，又任監察委員。1932 年 3 月受任為安徽省政府主席，次年 5 月辭職獲准後，轉任軍事委員會南昌行營總參議。1935 年 4 月擔任貴州省政府主席，次年 4 月因胃腸病復發加以兩廣事變，呈請辭職，奉調為蒙藏委員會委員長。自此主掌邊政八年，期間曾親赴西藏主持達賴喇嘛坐床、前往蘭州致祭成吉思汗陵，並視察寧夏、青海及新疆等邊疆各地。1944 年 9 月調任新疆省政府主席兼保安司令，對內以綏撫為主，對外應付蘇聯及三區（伊犁、塔城、阿山）革命問題，1946 年 3 月辭任後，任國民政府委員，並當選第一屆國民大會代表。

1948 年 4 月，蔣中正當選行憲後第一任中華民國總統，敦聘吳忠信為總統府資政，復於該年年底委為總統府秘書長。1949 年 1 月 21 日蔣中正引退後，吳忠信堅辭秘書長職務，僅保留資政一職。上海易手之前，吳忠信舉家遷往台灣，被推為中國國民黨中央非常委員會委員，並任中國銀行董事、中央銀行常務理事。1953年7月起，擔任中央紀律委員會主任委員。1959年10月，吳忠信腹瀉不止，誤以為腸胃痼疾發作，未加重視。不久病情加劇，乃送至榮民總醫院，診療結果為肝硬化，醫藥罔效，於該年12月16日辭世。

二、《吳忠信日記》的史料價值

吳忠信自1926年任國民革命軍總司令部顧問時開始撰寫日記，至1959年辭世前為止，共有34年的日記。其中1937、1938年日記存藏於香港，1941年年底日軍佔領香港時未及攜出而焚毀，因而有兩年闕佚（1942.3.15《吳忠信日記》）。

《吳忠信日記》部分內容，例如《西藏紀遊》、《西藏紀要》以及《吳忠信主新日記》曾先後出版，披露其在1933年經英印入藏辦理達賴喇嘛坐床大典以及1944年出任新疆省政府主席之過程，其餘日記內容大多未經公開。現在透過民國歷史文化學社的努力，將該批日記現存部分，重新打字、校訂出版，以饗學界。這批日記的出版，足以開拓民國史研究的新視角。

（一）蔣吳情誼

蔣中正與吳忠信的情誼在日記中處處可見。除眾所周知的託其就近關照蔣緯國及姚冶誠一事外，蔣中正派任吳忠信為地方首長的背後，也有藉信賴之人，安頓地方、居間調處的考量。如吳忠信於1935年4月派為貴州省政府主席，原以江南為實力基礎的南京國民政府，得以將其力量延伸入西南，在當地推展教育與交通等基礎建設，並透過吳忠信居間溝通協調南京與桂系關係，從日記中經常記述與桂系來人談話可見一斑。而陳誠此時以追剿為名，率中央軍進入貴州，在吳忠信與陳誠兩人通力合作之下，加強中央對貴州的掌控，為未來抗戰的後方準備奠立基礎。又如吳忠信於抗戰末期接掌新疆省務，以中央委派之姿取代盛世才為新疆省政府主席，一改「新疆王」盛世才當政時的高壓政策，採取懷柔態度，釋放羈押的漢、維人士，並派員宣撫南疆，圖使新疆親近中央，這都得是在蔣中正對吳忠信的高度信任下，才能主導的。當蔣中正於 1949 年 1 月下野，李宗仁代總統時，吳忠信居間穿梭蔣中正、李宗仁二人之間，由是可見吳忠信在二人心中的特殊地位。直至蔣中正於 1950 年 3 月 1 日「復行視事」，每個布局幾乎都有吳忠信的角色存在。

（二）蒙藏邊政

吳忠信長年擔任蒙藏委員會主任委員，關於邊疆問題的觀點與處置，也是《吳忠信日記》極具參考價值的部分。吳忠信掌理蒙藏委員會，恰於全面抗戰爆發前至抗戰末期，在邊政的處置上，期盼蒙、藏、維等邊疆少數民族能在日敵當前的情況下，親近中央、維持穩定。針對蒙藏，吳忠信各有安排，如將蒙古族珍視的成吉思汗陵墓遷移蘭州，以免日敵利用此一象徵的用心。對於藏政，則透過協助班禪移靈回藏（1937 年）、達賴坐床大典（1940 年 2 月）等重要活動，維護中央權威，避免西藏藉英國支持而逐漸脫離中央掌控。1940 年 5 月於拉薩設置蒙藏委員會駐藏辦事處是最成功的宣示，力採「團結蒙古、安定西藏」的策略，穩定邊陲。吳忠信親身參與、接觸的人面廣泛，對於邊事的觀察與品評，值得讀者深思推敲。

（三）貫穿民國史的觀察

長達 34 年的《吳忠信日記》，貫穿了國民政府自北伐統一、訓政建國、抗日戰爭到國共內戰，以及政府遷台初期的幾個重要階段。透過吳忠信得以貼近觀察各階段的施政重心與處置辦法，以個人史或是生活史的角度，觀察黨政要員在這些動盪之中的處境、心境與動態。更能搭配其他同樣經歷人士的紀錄，相互佐證。

三、日記所見的個人特質

日記撰述，能見記主公私生活，從中探知其性格與思維，就日記的內容來分析，或許能得知吳忠信的個人特質。

（一）愛家重情

吳忠信的愛家與重情，有兩個層面，一是對於家族的關懷，一是對於鄉誼、政誼的看重。家人一直都是他的牽絆與記掛，他與正室王惟仁於 1906 年結婚，卻膝下無子。在惟仁的寬宏下，年四十迎娶側室湘君，1926 年初得長女馴叔，嘗到為人父的喜悅。爾後湘君又生長子申叔，使得吳家有後，但沒過多久，湘君竟因肺炎撒手人寰，年方二十五，使得吳忠信數日皆傷心欲絕，在日記中曾寫道：「自伊去後，時刻難忘。每一念及，不知所從。」（1932.12.31《吳忠信日記》）爾後吳忠信經常前往湘君墳上流連，一解思念之情。湘君故後，吳忠信又迎娶麗君（後改名麗安），生了庸叔、光叔兩子。不過吳忠信與麗安感情不睦，經常爭執，在日記中多次記下此事的煩擾。吳忠信重視子女教育，抗戰勝利後，馴叔赴美求學，嫁給同樣赴美、專攻數量經濟學的林少宮，生下了外孫，讓吳忠信相當高興。1954 年，或因聽聞林少宮將攜家帶眷離美赴大陸，吳忠信並不贊成，不斷去函馴叔勸其留在美國，如果一定要離開，也務必來台。同年 8 月 6 日，吳忠信獲悉馴叔一家已經離開美國，不知所蹤，從此以後，日記鮮少提到這個疼愛的女兒。這一年年末在日記的總結寫道：「最煩神是子女問題，尤其家事真是一言難盡。」表現出心中的苦悶。

吳忠信相當看重安徽同鄉，安徽從政前輩中最敬重的要屬北京政府國務總理段祺瑞，兩人政治立場並不相容，但鄉誼仍重。吳忠信自段祺瑞移居上海後，經常從蘇州前往探望，段祺瑞身故時，也親往弔祭。對於同鄉後進，無論是在政界或是學界，多所關照，願意接見、培養或是推介，因此深為鄉里所敬重。如 1939 年在段祺瑞女婿奚東曙的引介下，會晤出身安徽舒城的孫立人，在當天的日記中寫道：「〔孫立人〕清華大學畢業後，赴美國學陸軍，八一三上海抗日之後，身負重傷，勇敢可佩。此人頭腦清楚，知識豐富，本省後起之秀。」（1939.9.28《吳忠信日記》）頗為欣賞。或許是命運的作弄，當 1955 年爆發郭廷亮匪諜案時，吳忠信恰為九人調查委員會的一員，於公不能不辦，但於私仍同情孫立人的處境，認為他「一生戎馬，功在黨國，得此結果，內心之苦痛，可以想見，我亦不願多言，是非曲直留待歷史批評」。

吳忠信同樣在乎的還有政誼，盡力多方關照共事的同事。如羅良鑑不僅是他生活的良伴，也是與他同任安徽省政府委員的至交，兩人都在蘇州購地造園，經常往來。爾後，吳忠信主政安徽省、貴州省與蒙藏委員會時，羅良鑑都是他的左右手，離任蒙藏委員會時，更推薦羅良鑑繼任。1948 年 12 月 21 日，羅良鑑夫婦自上海前往香港，飛機失事罹難，隔年骨灰歸葬蘇州。吳忠信在蔣、李兩方居間穿梭繁忙之際，特地回到蘇州參加喪禮，深為數十年好友之失而悲痛，可看出吳忠信個人重情、真誠的一面。

（二）做人做事有志氣有宗旨

吳忠信曾經在 1939 年元旦的自勉中，自述「余以為做人做事，必有志氣，有宗旨，然後盡力以赴，始可有成。」另亦述及「自入同盟會、中華革命黨而迄于今，未敢稍渝此旨。至以處人論，則一秉真誠，不事欺飾，對於人我分際之間，亦嘗三致意焉。」這是他向來自持的。就與蔣中正的關係而論，自詡亦掌握此一原則，他在同日又記下：「余與蔣相處，民十五後可分三個階段，由十六年起至十八春出洋止，以革命黨同志精神處之；由十九年遊歐美歸國起至二十一年任安徽省主席以前止，則以朋友方式處之；由安徽主席起以至于今，則以部屬方式處之。比年服務中樞，余于本身職掌外，少所建議，于少數交遊外，少所往還，良以分際既殊，其相處之標準，不可不因之而異也。余在過去十二年來，因持有上述之宗旨與標準，故對國事，如在滬、在平、在皖、在黔及目前之在蒙藏委員會，均能振刷調整，略有建樹，絲毫未之貽誤；對友人如過去之與蔣，雖交誼深厚，然他人則與之誤會叢生，而余仍能保持此種良好關係，感情日有增進，而毫無芥蒂。……即無論國家之情勢若何，當一本過去，對國竭其忠、對友竭其力，如此而已。概括言之：即「救國」、「助友」兩大方針是也。」

由此可知，在吳忠信待人之原則，必先確認兩人之關係，進而以身分為斷，調整相待之禮。他長時間服務公職，練就出一套為公不私的原則，經常在日記中自記用人、薦人之大公無私，此亦為其「救國」、「助友」之顯現，常以「天理、國法、人情」與來者共勉。

四、結語

吳忠信於公歷任軍政要職，於私是家族中的支柱。公私奔忙之餘，園藝之樂，或許才是他的最愛。他常在一手規劃的蘇州庭園裡，親自修剪、坌土，手植的紫藤、楓樹、柳樹、紅梅、白梅等在園中，隨著季節的變化而映放姿彩，園林美景是他內心的慰藉。吳忠信 1949 年回蘇州參加羅良鑑夫婦葬禮後，短暫地回到自宅園林，感嘆地寫道：「園中紅梅業已開散，白梅尚在開放，香味怡人。果能時局平定，余能常住此園以養殘年，余願足矣。」（1949.2.21《吳忠信日記》）可惜，這是他最後一次回到蘇州，之後再無重返機會，願與天違。

這份與民國史事有補闕作用的《吳忠信日記》並非全出於其個人手筆，部分內容為下屬或親屬經其口述謄寫而成。1940 年，他就提到：「余自入藏以來，身體時常不適，且事務紛繁，日記不時中斷，故託纕蘅兄代記，國書姪代繕。」（1940.1.23《吳忠信日記》）且在記述中，也有於當日日記之末，囑咐某一段落應增添某公文，或是某電文的文字，或可見其在撰述日記之時，便有日後公諸於世的預想。或許是如此，吳忠信在撰寫日記時，不乏為自己的行動辯白，或是對他人、事件之品評有所保留的情況，此或許是利用此份日記時須加以留意的地方。

編輯凡例

一、本社出版吳忠信日記，起自 1926 年，終至 1959 年，共 34 年。其中 1926 年日記為當年簡記，兼錄 1951 年補述版本；1937 年至 1938 年於太平洋戰爭爆發後，其家人逃離香港時焚毀，僅有補述版本。

二、古字、罕用字、簡字、通同字，在不影響文意下，改以現行字標示。

三、日記中原留空白部分，以□表示；難以辨識字體，以■表示。編註以【 】標示。

四、吳忠信於書寫時，人名、地名、譯名多有使用同音異字、近音字，恕不一一標註、修改。但有少數人名不屬此類，為當事人改名者，如麗君改名麗安、曾小魯改名曾少魯等情形，特此說明。

附圖

吳忠信行跡（1929 年 2-3 月）

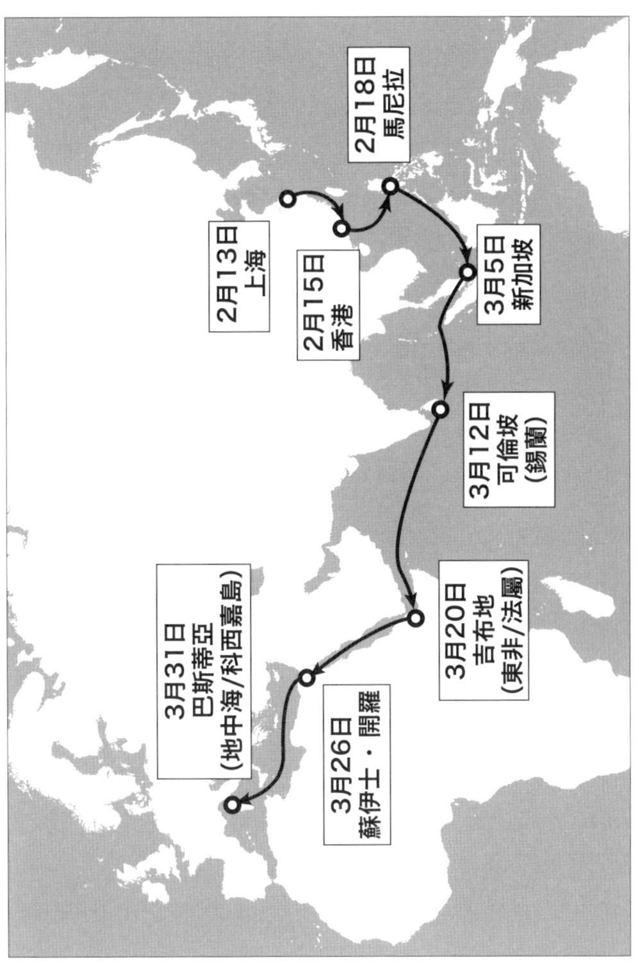

吳忠信行跡（1929 年 4 月- 6 月 18 日）

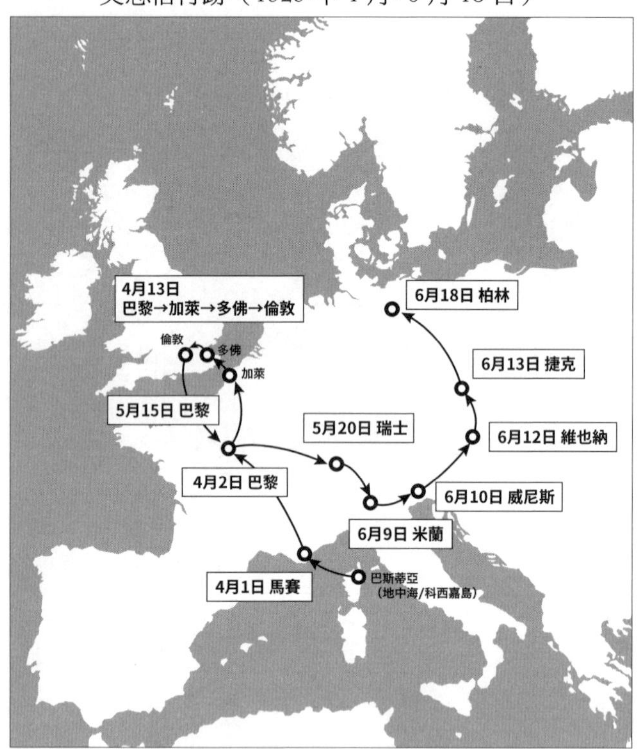

吳忠信行跡（1929 年 6 月 23 日- 7 月 16 日）

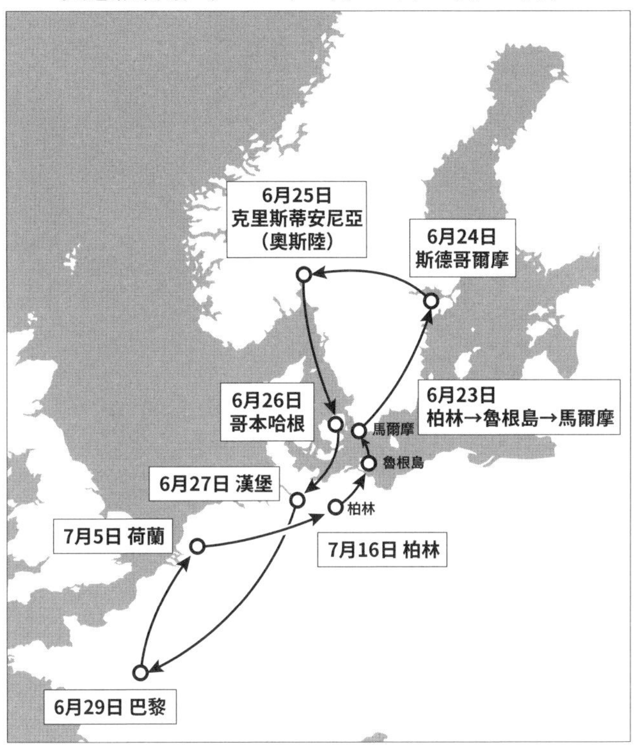

吳忠信行跡（1929 年 9 月 13 日 - 10 月 22 日）

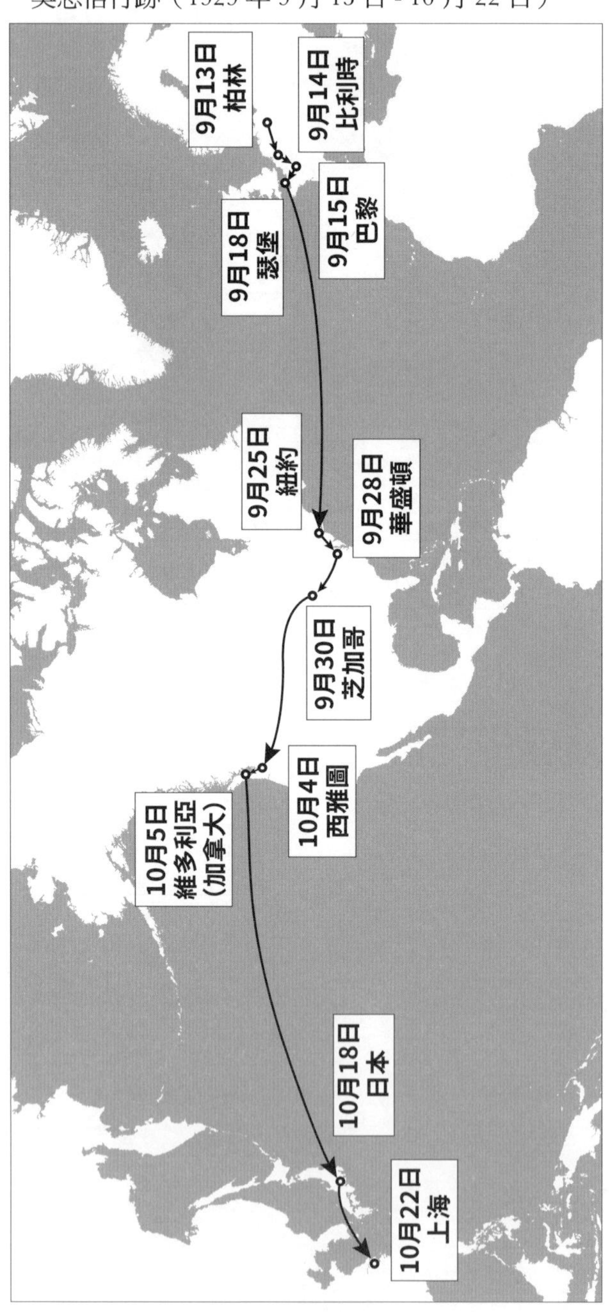

目錄

年譜（吳忠信自記）

民國十五年十二月	國民革命軍總司令部顧問
民國十六年二月	任淞滬警察廳廳長
民國十六年三月八日	任上海政治分會委員
民國十六年三月	江蘇省政務委員會委員
民國十七年二月	建設委員會委員
民國十七年三月	安徽省政府委員
民國十七年九月	中央政治委員會委員
民國十七年十月	北平（華北）編遣軍隊主任
民國十七年十月	北平政治分會委員
民國十八年一月	導淮委員會委員（至民國廿年二月止）
民國十八年五月	安徽省政府委員
民國廿年二月	任導淮委員會兼常務委員，嗣因任監委不能，故辭去
民國廿年二月	任首屆監察院監察委員
民國廿一年	任安徽省政府主席兼保安司令
民國廿二年	任軍事委員會南昌行營總參議（委員長自兼主任）
民國廿四年	任貴州省政府主席兼保安司令
民國廿四年十二月	國民黨第五屆代表大會當選中央執行委員會委員
民國廿五年八月	任蒙藏委員會委員長（至民國卅三年十一月止）

民國廿七年	奉派赴西藏主持第十四輩達賴喇嘛轉世大典
民國卅一年十一月	五屆十中全會當選常務委員（常委用選舉制，尚屬初次）
民國卅三年八月	任新疆省政府主席兼保安司令
民國卅三年十月	任國民黨新疆省執行委員會主任委員
民國卅三年一月	受一等景星勳章
民國卅四年五月	第六次全國代表大會繼續當選中央執行委員
民國卅四年十月	受勝利勳章
民國卅六年四月	選任國民政府委員
民國卅六年九月	第六屆第四次全體會議當選常務委員，至卅九年七月改造委員會為止
民國卅六年十二月	當選合肥國民大會代表
民國卅七年	聘任為總統府資政
民國卅七年十二月	特任為總統府秘書長
民國卅九年三月	續任總統府資政
民國卅九年	本黨改造後聘任為中央評議委員
民國四十一年	第七次全國代表大會第十二次會議通過聘請為中央評議委委員
民國四十一年十一月	任中央紀律委員會委員
民國四十二年	任黨籍總檢查小組委員
民國四十二年七月	任中央紀律委員會主任委員
民國四十六年十月	第八次全國代表大會第十四次會

	議通過聘請為中央評議委員
民國四十六年十月	第八屆中央委員會第一次全體會議通過繼續任紀律委員會主任委員

大事回憶

十五年來之幾件大事回憶

今日係民國卅一年二月十四日，亦就是農曆辛巳年十二月廿九日大除夕，家中祭祖一如往日，均是惟仁夫人主持，數十年如一日，我實感激不盡。我回憶近十五年較大幾件事，自民國十五年冬，我應蔣總裁約赴南昌晤談，諸承總裁優待，非常感激。于此十五年間，關於公私兩方面大事甚多，茲將關于公的方面，有值得紀載者：一、民國十七年調和桂系與長江諸巨頭擁蔣先生復職，完成北伐統一國家；二、民國二十年赴廣東勸廣東當局（汪、孫、古、陳、李）取消西南政府，蔣先生臨時下野，稍頃東山再起，國家再統一；三、民國二十四年出任貴州省政府主席，團結各方面，得免西南戰事，使國軍安心追匪；四、民國二十八年親身入藏，辦理第十四輩達賴喇嘛轉世座床大典，收回國家主權；五、上次到西北，調整青海軍政，收回河西走廊，打開通新疆之路，減少政府西顧之憂。以上五事，是我在黨國立場應該做的事，毫無希望報酬之心，但自覺體力尚健，經驗甚多，故于廿八年入藏時，向蔣先生坦白表示，「自問能力尚未盡量報效黨國，亦未盡量幫助總裁」，意在尚可負責。蓋自遜清光緒三十二年（丙午年）入同盟會迄今三十六年之久，多是賣苦力、負責任，問心可告無愧。我在黨內向無派系與小組織，一本服從主義，擁護黨魁，惟不慣阿諛，有志難伸。

庚回憶總理就任非常大總統

卅年五月五日上午八時，我到國民政府參加先總理孫先生在廣州任非常總統二十週年紀念典禮，由于右任先生報告革命政府成立之意義及其經過。余回憶，當年陳炯明反對先總理任總統，先總理問余意見如何？余答曰，總統既已選出，惟有定期就任，不能有絲毫猶疑，如陳炯明反對，余決當率兵討伐。總理又問洪兆麟等反對如何？（洪係陳部主力將領）余答曰，我有辦法可以說服。總理很高興，旋洪兆麟由汕頭防地來廣州，在洪未晤之陳之前，我先與洪見面，經多方曉以大義及時局之利害得失，洪表示贊成總理就總統職，並立即晉謁總理，表明態度，然後再去見陳炯明。及至總理就任之日，全軍將領受陳炯明控制未敢表示，惟余首先通電擁護，各將領隨後繼之響應。足見有志者事竟成，亦足見陳炯明魔力之大。

流年	年齡	行運	記載
光緒廿六年庚子	十七	己	
光緒廿七年辛丑	十八	己	由家鄉到鎮江，夏季入陸軍學堂。
光緒廿八年壬寅	十九	己	在學堂。
光緒廿九年癸卯	二十	己	在學堂。
光緒卅年甲辰	廿一	己	在學堂。春季到北京參觀學校。
光緒卅一年乙已	廿二	己	由北京回南京。夏學堂畢業。秋赴鎮江徵兵，十二月任卅五標第三營營長。
光緒卅二年丙午	廿三	己	任營長。入同盟會。下半年出防南昌。與惟仁夫人接婚。
光緒卅三年丁未	廿四	己	由南昌調回南京。下半年調鎮司令部正執法官。
光緒卅四年戊申	廿五	己	調二等參謀官，辦理太湖秋操。
宣統元年己酉	廿六	己	再調任正執法官。臘月卅日接卅五標二營營長，駐鎮江。

流年	年齡	行運	記載
宣統二年庚戌	廿七	庚	下半年調卅六標二營長，駐江陰。
宣統三年辛亥	廿八	庚	任南京臨時政府警察總監。
民國元年壬子	廿九	庚	六月任甯鎮澄淞四路要塞總司令兼任民立報經理。
民國二年癸丑	卅	庚	到北京。討袁軍興，再出任警總監，失敗，亡命日本。
民國三年甲寅	卅一	庚	入東京政法學校。
民國四年乙卯	卅二	午	往來日本、上海。
民國五年丙辰	卅三	午	陳英士先生被刺身死。余遇險，到山東。
民國六年丁巳	卅四	午	十二月冬季到廣東，在日輪度聖誕節。
民國七年戊午	卅五	午	攻閩。
民國八年己未	卅六	午	停戰，聯絡皖系、閩、浙，準備攻粵。
民國九年庚申	卅七	辛	攻粵。
民國十年辛酉	卅八	辛	攻桂。
民國十一年壬戌	卅九	辛	下野回滬。
民國十二年癸亥	四十	辛	在蘇滬。
民國十三年甲子	四一	辛	在蘇滬。
民國十四年乙丑	四二	未	在蘇滬。
民國十五年丙寅	四三	未	北伐軍到南昌。下半年到南昌謁蔣。馴叔出世。
民國十六年丁卯	四四	未	任上海警察廳長，三個月。
民國十七年戊辰	四五	未	赴北平裁兵，任行營主任。調和長江、珠江各勢力擁蔣復任總司令。
民國十八年己巳	四六	未	周遊世界，不贊成內戰因此週遊歐美。
民國十九年庚午	四七	壬	監察院委員。
民國二十年辛未	四八	壬	同上。秋季到廣東謀和平統一。
民國廿一年壬申	四九	壬	二月廿八日（壬申正月廿三日）申叔出世、湘君去世。任安徽省主席。
民國廿二年癸酉	五十	壬	下野。取麗安。七月卅日晨五時天幹姪去世。
民國廿三年甲戌	五十一	壬	十一月初九日（甲戌十月初三日）庸叔出世。
民國廿四年乙亥	五十二	申	貴州省主席。
民國廿五年丙子	五十三	申	調蒙藏委員會委員長。
民國廿六年丁丑	五十四	申	抗日軍興。在蒙藏會。光叔出世。九月十八日（丁丑八月十四日）敬叔去世。

流年	年齡	行運	記載
民國廿七年戊寅	五十五	申	在蒙藏委員會，但私事麻煩，並患頭暈病。
民國廿八年己卯	五十六	申	十月赴西藏辦理第十四輩達賴坐床大典。
民國廿九年庚辰	五十七	癸	六月回重慶行都。
民國三十年辛巳	五十八	癸	十月赴甘、甯、青考察黨政，青海馬主席隨同來渝，西北得以安定。
民國卅一年壬午	五十九	癸	春季赴桂林接麗安等，夏季再赴西北及新疆。任中央常務委員。
民國卅二年癸未	六十	癸	未離重慶。
民國卅三年甲申	六十一	癸	八月發表新疆省主席，十月二日到任。
民國卅四年乙酉	六十二	酉	昨年十一月伊犁事變，今年八、九月間阿、塔、烏相繼淪陷，南疆混戰，迪化危急，奈心力用盡。
民國卅五年丙戌	六十三	酉	四月間辭去新主席，辦理中孚銀行復業，選余為董事長。抗日勝利復原回南京。
民國卅六年丁亥	六十四	酉	選任國民政府委員，九月再任中央常務委員。九月到廣西指導大選。十二月當選合肥國民大會代表。申叔生病經年。
民國卅七年戊子	六十五	酉	總統府諮政。馴叔生病。秋季出洋。
民國卅八年己丑	六十六	酉	任總統府秘書長，為蔣總統辦移交非常委員。國民黨大失敗，今年最使我滿意者，馴叔與林少宮接婚。
民國卅九年庚寅	六十七	甲	任中央銀行常務理事。為申叔身體及讀書很煩神。管教庸、光兒很吃力傷神。
民國四十年辛卯	六十八	甲	（最滿意馴叔生子美外甥）一切不順利。本人頭暈，惟仁重風，其他家人亦多生病。用費很多。十二月赴香港一行，公私結果甚微，是最煩神之一事。
民國四一年壬辰	六十九	甲	（林少宮女婿得博士學位）本年申叔開畫展取得畫家地位，庸叔考入台大，光叔直昇高中。
民國四二年癸巳	七十	甲	申叔春間出洋。馴叔生子久外甥。余任紀律委員會主任委員。家中比較平安，生活日高，家用日漸困難。

流年	年齡	行運	記載
民國四三年甲午	七十一	甲	最煩神是子女問題，尤其家事真是一言難盡。助陳光甫兄在台灣成立上海銀行總管理處，余任董事。
民國四四年乙未	七十二	戌	春間生病很危險。庸兒考取赴美留學，光叔考取台灣大學，申叔由烏拉圭返法國，都是使我煩神。
民國四五年丙申	七十三	戌	惟一助手曾伯雄春間去世，惟仁老太太患病經年，春間很危險，總而言之為兒子、為家事太煩神了。
民國四六年丁酉	七十四	戌	今年比較過去平安，惟用費太大，醫藥費亦很多。二月當選中國銀行常務董事，連任評議委員。
民國四七年戊戌	七十五	戌	申叔秋季由巴黎反國，庸叔在美大學畢業。家人平安，惟生活日較困難，余煩神。
民國四八年己亥	七十六	戌	

1926年（民國15年） 43歲

【標楷體文字為1951年10月補記於台中】

2月15日

久別友人王季文（乃昌）來蘇州訪問，據王云新近由廣州來，蔣總司令託我（王）請你赴廣州。余當時患胃病甚重，託王代為婉謝，並告之曰余判斷將來北伐不論成功與否，西南各省之團結實屬重要，而廣西、貴州之關係為其尤要者。回憶民十年余率部駐防桂林時，你（王）曾告余，我（王）有一位小同鄉鄰居李宗仁任桂軍（三營）統領，駐紮鬱林，與我（季文）有深切感情，擬介紹與我（吳）合作。嗣以余回師廣東，未及與李晤談，而今李宗仁、白崇禧負廣西軍政之責，你（季文）若能聯絡李、白等，並說服貴州擁護蔣總司令，則北伐軍進可戰、退可守。季文答曰，十分贊成，禮卿兄主張，我（季文）與李、白既係桂林小同鄉，與貴州周西成亦有交誼，當照禮卿兄意，前往桂、黔兩省，盡心竭力促成此事。王在余家計住三日而去。

7月9日

蔣總司令在廣州誓師北伐，七月十日克長沙，九月二十五日克南昌。

11 月中旬

蔣總司令約余赴南昌，余于是月廿九日夜（陰曆十月廿六日）由滬乘鳳陽丸輪前往，卅日上午開船，十二月二日晚到九江，三日上午六時乘火車，下午二時到南昌。

11 月 29 日

禮拜一夜十一時乘鳳陽丸。

11 月 30 日

午前六時開船。

12 月 2 日

禮拜四晚九時到九江，住新旅社。

12 月 3 日

上午六時乘火車，八時開車，下午二時到南昌，住贛新大旅社。

12 月 4 日

晨晤介兄，並發家信。

晉謁蔣總司令，適逢總司令起程赴廬山，彼此見面非常愉快。總司令說，你到南昌，事先我不知道，現在我（蔣）即將往廬山，請你在南昌暫住，等我的信，並面令副官長姚宗（味莘）妥為招待。

12月6日

發家信。

12月8日

劉養如兄看，同去大旅社午飯，是日七號房移八號，遺失皮帶、信帛等件。

12月9日

總司令來電約我遊廬山，十日起程前往，夜宿九江。十一日上午抵廬山，當即晉謁蔣總司令。十二日隨總司令遊天池等名勝。

12月10日

八時由旅館赴南昌車站，十一時開車，午後七時到九江，住新旅社。

12月11日

上午上廬山，住六十一號外國飯店。

12月12日

午後遊小天池。

12月13日

九時由廬山起程，並發羅函。十二時到九江車站，一時開車。六時到南昌牛行車站，適值天雨，過河甚屬困難，住大旅社。

隨蔣總司令回南昌，住總司令部花園（舊巡撫衙門）。蔣總司令對余十分客氣、十分尊重，如走路、乘轎皆由余行先，使余慚感交加。余向蔣表示，你如再與我這樣客氣，我只有即日回去。蔣回好，不客氣。余更向蔣總司令有重要說明：（1）自總理去世，凡國民黨員都有繼承做領袖資格，但你（蔣）既已奮鬥出來成為領袖，本黨只能有一個領袖，我今後即擁護你作領袖。（2）本黨已有你（蔣）統率軍隊，足夠應付，我今後不再帶軍隊了。（3）你曉得我頭上不能帶帽孜，我今後在政治方面做事，只能聽政治最高機關命令；在黨的方面只能聽中央黨部命令。

蔣總司令要我在總部負較為實際工作，我婉辭，並說我是穿長杉由上海來的，不是由廣州穿草鞋來的，所以不能負實際責任。結果聘余為總司令部顧問。

蔣總司令命余代見賓客，並代看重要公文。

12月15日

午後晤蔣，並約在大旅社晚餐。

12月16日

發叔仁函並朱函。

12月17日

搬總部，晚晤蔣。

12月18日

晚晤蔣。

12月19日

岳軍赴滬，蔣請晚餐，並晤松雲、益之。

12月20日

午後四時晤益之于其司令部，並遇治平，又路遇思廣。晚蔣約談話，是日致佶子、叔仁、惟仁函。

12月21日

午後二時代蔣見客，晚在治平、思廣家晚飯。賴肇周、温晉城、朱世貴等均在坐，八時回。晚九時劉養如兄來談，十時就寢。

12月22日

七時起身，一時在蔣處午飯，三時代蔣會洪軌。五時往拜賴肇周，適公出。六時發蘇州佶子函，十時就寢。

代蔣接見青年同志（廿二日下午三時）洪軌及軍校學生石國基、馮思定、温培南、王褘等二十餘人，或求差、或求調，又見鄔式藩、沈秉臣、沈秉權等十數人。

12月23日

七時半起身，九時半劉養如來會。十二時半賴肇周來會，一時赴蔣處午飯。午後會軍官畢業石國基請蔣調差。八時會馮思定、温培南、王禕軍校政科畢業，十時就。

12月24日

午前十時，劉養如來談外交事，十一時會蔣，說會客事。一時蔣處午飯，午後二時蔣處閱電報。本日得叔仁陰十一月初八日來函，湘君初三日（陽曆十二月初六日）上午六時產一女孩，聞之甚歡喜。午後六時石國基來見，並復惟仁、叔仁函，係寄上海。

在總司令部辦公室代閱各處來電，忽接叔仁先生（陰曆十一月初八日）來函，云湘君女士于陰曆十一月初三日（陽曆十二月初六日）上午六時產一女孩（取名馴順兒）。余過去無子女，今生一女，無限歡慰。此皆惟仁夫人寬宏大量，準取湘君女士，始能得此結果。

12月25日

在蔣午飯。午後代會鄔式藩，又會沈秉臣、沈秉權。剪報送蔣，果夫來談。蔣請俄參贊，我在陪。晤雪竹，又晤褚民誼、陳和銑（號孟釗）。十一時寢。

在總司辦公室閱有約四十件重要公文後，報告總司令曰：「頃閱幾十件公文，事由不外請款、求差、告密、殺人等等大事，此等大事必須總司令自己批示，非他人可以代批的」。因此不再代看公文。

總司令與余談北方事，囑余設法積極聯絡奉、直兩系，蓋因總理在世時北方事多由余接洽者。

蔣總司令與我談政治經濟事，在政治方面，余推舉羅偕子（良鑑）先生；在經濟方面余推薦陳光甫（輝德）先生。蔣曰，請偕子來江西見面，光甫將來在上海見面。

在此三個多星期，與蔣總司令見面談話、遊覽、會餐不下廿次之多，總司令招待之周，意思之誠，十分感激。

蔣總司令命余先回上海接洽多方，遂于廿九日離南昌到九江，卅一日（除夕）乘日輪南陽丸東下。

12月26日

午前十時出外散步。一時蔣午飯，三時往青雲鋪觀無線電話。在道士觀吃素齋，晚歸。十時就寢。

午前十時隨蔣總司令出外散步，至青雲鋪參觀試驗無線電話，當時是陸福廷（心亘）任總司令部交通處長，我與陸第一次在此見面，陸在青雲鋪道士觀招待總司令及余午餐，「係素席」。

余從來沒有日記，未免忽略，自十五年十二月赴南昌始有三個星期行止，最簡單之記載。自十六年始有逐日行止記載，一直至二十七始有較詳日記。今將十五年三星期記載再加以余將是年之回憶作成十五年開始日記，因這一年關係重要，如與王季文談話有關以後廿餘年團結西南之張本，如余與蔣總司令約定之原則，有關今後二十餘年余之進退出處之方針。

12月27日

午前赴大旅社蔣處午飯。午後會蔡巨猷、李振秋、何雪竹、張于潯、胡毅。蔣請晚餐。

1927年（民國16年） 44歲

1月1日 星期六

除夕由九江坐南洋丸赴滬，今日元旦天氣清和，風平浪靜，早起船面散步，精神爽快。今日食日本酒與飯，同船均歡喜非常。

1月2日 星期日

天氣清和，早起戶外散步。午後一時船到浦東，適佛安、叔仁來接，同乘公司小輪過江，再乘汽車歸。廣影兄來談，同往福祿壽晚飯。九時往朱家，十時歸。

1月3日 星期一

午前九時往順慶里三號晤陳靄士先生，午後偕影毫、佛菴往福祿壽晚飯，又往雙鳳園沐浴。十時回，十一時就寢。

1月4日 星期二

午前十時往岳軍家，因其回章，再往惕生處候二時之久，始晤面。十二時三十分歸，適佶子、影毫、佛菴、叔仁均家等候，同往功德林午飯。二時至新大同開房間，三時赴美利吃茶，四時往子謙家。九時歸，羅、曾來談，十一時寢。

1月5日 星期三

午前十時往平喬旅館佶子處，十二時往京館午飯，後往美麗吃珈琲。二時往上海銀行晤陳光甫，四時歸家寫信，六時往一品香，同赴光甫家晚飯。九時至陳佛臣處，十一時歸，十一時五十分就寢。

1月6日　星期四

午前七時起身，午後二時到平喬旅社會養如夫人。三時偕影毫、叔仁往吃加非，後散步歸家。晚七時往朱家，九時到大新晤影兄，十一時歸，就寢。

1月7日　星期五

午前老太太偕希昭往蘇州。午後一時惟仁到滬，五時魯書由蘇來滬。六時偕惟仁等往福祿壽晚飯，八時往一品香晤炎煊，至十一時歸家就寢。

1月8日　星期六

今日未出門，惟仁等晚間往看影戲。

1月9日　星期日

午後影毫、佛安、季堂來，四時偕魯書往一品香晤炎煊。八時在一品香請炎煊晚飯，十時到鳳園沐浴，十二時歸家，就寢。

1月10日　星期一

午後繼堂、影毫、佛菴來談。四時往蔣家，即在伊家晚飯，八時至朱家，十一時回，就寢。魯書夜車往南京。

1月11日　星期二

午後七時，偕影毫、叔仁、惟仁、德真往觀影戲，十時就寢。

1月12日　星期三

午後高、曾、梅、吳來談，並晚飯。七時往朱家，九時歸，十時就寢。

1月13日　星期四

午前偕惟仁、叔仁往先施公司購物。午後許問美來，七時惟仁、叔仁、德真、問美、影毫、佛安同往功德林晚飯，九時聽經，十時歸寢。

1月14日　星期五

午後際堂、影毫、佛安來，晚七時往朱家，十時歸，就寢。

1月15日　星期六

午前惟仁外出購物，午後影毫來，七時往雙鳳園沐浴，八時往朱家晤陳艮初君，十二時歸家，就寢。

1月16日　星期日

午後羅偕子、張亞威、影毫、際堂來談，並留晚飯。八時往朱家及蔣家，九時到一品香晤羅、張，十二時歸家，就寢。

1月17日　星期一

午前十一時往朱家，隨歸午飯。午後往一品香晤佶子、亞威，晚九時再往一品香，十二時回。

1月18日　星期二

正午十二時在會賓請佶子、亞威等午飯。午後往怡處、鈕處。晚偕季堂、惟仁往遊新世界，十時半回，就寢。

1月19日　星期三

午前赴鈕處，午後季堂來。晚赴朱家晤陳艮初，十一時回，就寢。

1月20日　星期四

午前九時到大新旅社看曾嫂病。往鹽業銀行。午後偕叔仁赴徐家花園散步，影毫、佛庵在家晚飯。

1月21日　星期五

午前九時卅分偕惟仁、叔仁往鹽業銀行。午後未出門，晚十一時寢。

1月22日　星期六

晚在上海浴池沐浴。九時往朱家，十時晤徵五，十二時回。

1月23日　星期日

晚往朱家再晤徵五，十二時回，就寢。午後七時在會賓樓請凌毅然晚飯，影毫、佛菴陪。

1月24日　星期一

午前往鈕處，後往怡誠處午飯。午後至大新旅社，三時往朱家，六時回晚飯，八時再往朱家，十二時就寢。

1月25日　星期二

【無記載】

1月26日　星期三

午前佶子來。晚十一時上南洋丸。

1月27日　星期四

午前六時由上海開船。

1月28日　星期五

午前十時船南京，亞威來會。

1月29日　星期六

午後六時到九江，八時到東亞旅社，九時陪佶子到中華園沐浴。

1 月 30 日　星期日

午前八時往廬山，十一時到胡金芳旅社。午後三時晤介兄，六時偕倩子到介兄處，晚飯有膺白、季陶等在坐。

1 月 31 日　星期一

午前到九十四號遇靜江、膺白夫人，回胡金芳旅館午飯。午後牯嶺附近散步，八時至六十四號晤介兄，並晚飯，十一時回。

2月1日　星期二

午前偕偕子乘轎遊仙人洞、御牌亭、天池，午後遊黃龍寺，四時回，適介兄來看。八時至九十四號除夕晚餐，靜江、膺白、季陶、介石在坐，十時回。

2月2日　星期三

八時下山，十一時到中國銀行，又至日清公司。

2月3日　星期四

午前八時上大福丸，十時開船。

2月4日　星期五

在船中，有風雨。

2月5日　星期六

【無記載】

2月6日　星期日

午前八時王季文來，同至王家午飯。晚偕叔仁往蔣家晤陳振海，八時曾在大東旅館陳、貝諸君。

2月7日　星期一

【無記載】

2月8日　星期二

午前十時往朱家，同去看房。午後回一百〇壹號，在偕叔仁看房。晚在致美齋晚飯。

2月9日　星期三

午前外出散步，路遇季文。十二時至大西洋午飯，午後五時雙鳳園沐浴，晚九時季文來談，魯書由甯來。

2月10日　星期四

午前八時季堂來。午前陳光甫來，同去徐園，再至陳家午飯。午後貝松孫來，影毫由蘇來，晚季堂來。八時往朱家。

2月11日　星期五

午前九時陳雪老來，拾時往上海銀行晤光甫。午後季文來，四時往陳雪老家，並在伊家晚飯。

2月12日　星期六

午前往王喬松處，在致美齋午飯。午後季文來，晚往朱家，十時晤季堂。

2月13日　星期日

午前往一百〇一號。十時季文來，十二時同至美利午飯。午後晤李德夫兄，晚偕佶子、影毫往福祿壽晚飯，後同去沐浴。

2月14日　星期一

午後在商務印書館購書。

2月15日　星期二

偕影亳往觀飛舞團。

2月16日　星期三

午前羅先生回蘇。午後看木器。七時季文來，九時往朱家，十時回，十二時就寢。今日陳艮初電。

2月17日　星期四

晚季文來談。

2月18日　星期五

上午往朱家、季文家。午後往一〇一號。惟仁、湘君、順兒到滬。

2月19日　星期六

上午會李達夫，後往三百十一號。十二時在功德林午飯，影亳、毅然、佶子、叔仁、惟仁在坐。晚季文、光甫來談。

2月20日　星期日

午前季文來。午後光甫來。七時與李達夫等同去沐浴，晚炎宣、魯書來談。六時往朱家。

2月21日　星期一

午後王季文來談。

2 月 22 日　星期二

午前由一品香搬至志遠街開泰棧，在大加利午飯。午後回一百〇一號。晚往朱家。

2 月 23 日　星期三

午後外出散步。

2 月 24 日　星期四

午後王季文來。

2 月 25 日　星期五

午後會艮初、李仲書。王季文來談。

2 月 26 日　星期六

本日搬至拉都路三百十一號，朱、蔣兩太太來看惟仁。

2 月 27 日　星期日

午前晤艮初，午後在大安旅社會王季文，在朱家午飯。

2 月 28 日　星期一

午前九時在朱家會艮初，十時偕季文會萬鴻圖。午後二時會李達夫，三時亞威、佛安來，在朱家晚飯。

3月1日　星期二

午後一時往季文處，五時往一百〇一號。艮初、季文是日動身。

3月2日　星期三

午前佶子、亞威赴蘇州轉南京。楊登甫送電來。

3月3日　星期四

是日未外出，晚往吉益里朱家，十一時回。

3月4日　星期五

午後外出至凌毅然家，後往大安棧。

3月5日　星期六

今日未外出，午後羅佶子先生由南京回，亞威回來。

3月6日　星期日

佛安偕阿羅由蘇州來。

3月7日　星期一

叔怡來談。午前會李達夫及陳光甫。

3月8日　星期二

今日未外出。叔怡、亞威、佛安、影毫、佶子、叔仁來談話，劉友惠送電來。

3月9日　星期三

午後外出散步，晚往朱家。

3月10日　星期四

午後朱子謙來談。

3月11日　星期五

未外出。

3月12日　星期六

未外出。

3月13日　星期日

晚往朱家。

3月14日　星期一

膺白來函約見面。晚往朱家。

3月15日　星期二

午前往朱家，午後三時晤黃膺白。

3月16日　星期三

在大加利午飯，後往一百〇一號。是日季文來函。

3月17日　星期四

馬芹甫來談。

3 月 18 日　星期五

未出門。

3 月 19 日　星期六

上海紛擾。

3 月 20 日　星期日

上海紛擾。

3 月 21 日　星期一

革命軍到滬。

3 月 22 日　星期二

白總指揮到滬。

3 月 23 日　星期三

往龍華晤白總指揮，奉到委令淞滬警察廳長。

3 月 24 日　星期四

午前往龍華，午後往警廳就職。晚晤顧新一。

3 月 25 日　星期五

晤陳光甫、虞洽卿。

3 月 26 日　星期六

午前往龍華，午後介石到滬。晚在介處晤張靜江、吳稚暉、蔡元培、黃膺白、邵元冲、李石曾。

3月27日　星期日

是日上海開市民大會，租界戒嚴。

3月28日　星期一

午前晤膺白。晚偕朱子謙晤介石。

3月29日至3月31日　星期二至四

【無記載】

4 月 1 日至 6 日　星期五至三

【缺】

4 月 7 日　星期四

介石回拉都路三百十一號。

4 月 8 日　星期五

上海政治委員會開會，介石晚車赴南京。

4 月 9 日　星期六

【無記載】

4 月 10 日　星期日

南市黃包車夫罷工。

4 月 11 日　星期一

汝為、張矯臣來談。

4 月 12 日　星期二

軍隊收糾查隊器械。各界罷工。開歡汪大會，因軍禁止，會未開成。

4 月 13 日　星期三

今日閘北糾查隊強司令部槍支，軍隊抵抗，工人死傷約五十。陳艮初到滬。

4月14日　星期四

今日工人糾查隊在閘北與軍人衝突，糾查隊死傷百餘人。

4月15日　星期五

朱先生請膺白、艮初吃夜飯。

4月16日　星期六

午前會膺白，午後晤宋子文。

4月17日　星期日

【無記載】

4月18日　星期一

晚八時到車站，十時半開車。

4月19日　星期二

十一時半到南京，午後晤靜江、介石、展堂等。住交通銀行，晚晤岳軍。

4月20日　星期三

上午天寒，身體欠佳。午後至丁家，晚在姚家巷二號雪林家吃飯。

4月21日　星期四

午前晤介石。正午在金陵春請客，在坐陳靄士、陳光甫、虞洽卿等十餘人。午後偕衛立煌觀先總理墓地。晚十一點乘車回滬。

4月22日　星期五

午前九時到滬。

4月23日　星期六

午前尋光甫未晤。晚往見張靜江先生。

4月24日　星期日

總指揮部在交涉署請客。午後李斐君來談，夜十時光甫來。午後六時至九時，一品香晤陶雲龍。

4月25日　星期一

午前在一品香晤張秋華、王季文，又中國銀行晤陳靄士。晚往一百〇一號。

4月26日至27日　星期二至三

【無記載】

4月28日　星期四

晚在銀行公會商議改組總商會事，有虞洽卿、錢新之、馮子山、王一亭、郭復初在坐。

4月29日　星期五

陳雪軒午前來談，午後晤膺白。晚在吉益里朱公館請雪軒。

4月30日　星期六

午前晤王季文，後赴北車站送黃膺白。四時辭陳雪軒。張亞威今晚往通州。

5月1日　星期日

午前船津來會，正午往閩行。午後五晤膺白，晚在張嘯林家請客。

5月2日　星期一

晚李斐君家談。

5月3日　星期二

【無記載】

5月4日　星期三

王季文往南京。午後往江灣清查游民工廠。晚張百岐在張嘯林家請客。

5月5日至6日　星期四至五

【無記載】

5月7日　星期六

副廳長接事。

5月8日　星期日

午前赴靜安寺，午後往徐園。

5月9日　星期一

是日上海開國恥記念大會。

5 月 10 日　星期二

郭宇銃來謁，並借洋一百元。晚在銀行公會請客。

5 月 11 日　星期三

午後金季牌借洋一百元。晚孫鶴高在大東請客。

5 月 12 日　星期四

午後請朱陛甫在大加利晚飯。

5 月 13 日　星期五

午後四時在志豐里五號開勞動大學籌備會。

5 月 14 日　星期六

午前偕李石曾、褚民誼參觀江灣游民工廠。

5 月 15 日　星期日

午前晤王曉籟、虞洽卿、殷亦農。正午請程雪老、李石曾、王一亭吃飯。晚在公德林晚飯。

5 月 16 日　星期一

【無記載】

5 月 17 日　星期二

午前往晤李石曾先生。

5月18日　星期三

介石由南京來滬，正午在靜安寺祭英士先生，午後在體育場開英公紀念會，晚在新新酒樓應鄭毓秀約。

5月19日　星期四

在李石曾遇雪軒。午前晤見宮崎民藏、龍介、震作。十時廿分至福煦路張宅弔喪。午後在石曾宅開會。

5月20日　星期五

午前開會。午後晤張詠霓。又往中國銀行晤財政委員會，又晤李斐君。

5月21日　星期六

午前晤孫鶴皋、陳果夫，午後萬雲階。

5月22日　星期日

午前晤陳光甫，正午晤虞洽卿、王曉籟，午後晤程雪老，再遊靜安寺，晚晤王季文。

5月23日　星期一

午前晤鄭毓秀，午後往晤顧馨一。晚請張力仁，午後晤黃膺白。

5月24日　星期二

午前七時赴車。午後八時到南京，住東南飯店，隨入城，夜二見總司令。是夜住總司令部。

5 月 25 日　星期三

午前六時起身往四太爺。十時回總部見總司令。午後往晤徐聖禪，約殷紹丞遊雞鳴寺、秀山公園，又往晤財政廳長。夜九時卅車回滬。

5 月 26 日　星期四

七時到滬，赴龍華晤張參謀長。午後六時晤膺白。

5 月 27 日　星期五

午前政治分會開會。晚往朱家。

5 月 28 日　星期六

午前赴龍華警察教練所舉行畢業。正午張參謀長午飯。午後在靜江家開勞動大學籌備會。

5 月 29 日　星期日

清晨讀經念佛。程雪老來談。

5 月 30 日　星期一

午前到廳。午後晤趙炎午。晚張百期請吃飯。

5 月 31 日　星期二

午前晤光甫。午後偕謝嘉猷遊覽，在大加利晚飯。往朱子謙家。

6月1日　星期三

午前赴廳。午後晤冷欣、張嘯林、劉文明。五時朱升甫來談，又醫牙齒。

6月2日　星期四

楊嘯天在安樂宮請趙炎午等。午前晤法總巡。正午蔡孑民先生在功德林請客。

6月3日　星期五

正午陳光甫在大華請英工部局強生。午後往朱子謙家。

6月4日　星期六

午前晤王一亭。謝天錫請吃晚飯。

6月5日　星期日

午在銀行公會請客。午後趙炎午來談。四時往遊六三花園。晚在許家請客。

6月6日　星期一

正午大東請許雋人等。二時晤李斐君。晚在朱家請趙炎午等。

6月7日　星期二

午後在銀行公會開會。

6月8日　星期三

日本駐上海海軍武官佐藤脩偕山田菊池來談。又叔雅來談。午後四時往總商會及中國銀行開會。

6月9日　星期四

【無記載】

6月10日　星期五

晚在杜月生家晚飯。

6月11日　星期六

午後一時送偉國往北車站，午後二時四十分乘車往蘇州，在羅家住宿。

6月12日　星期日

午前往闊家頭巷及圓通寺，在伍先生家吃飯。午後回滬，晚往李石曾處。於一時送介石上車，三時回。

6月13日　星期一

午後二時中國銀行晤陳光甫等。

6月14日　星期二

午後往拜山田等。

6月15日　星期三

午後晤李木公，晚在朱家晤季陶。並赴陳霖生家，晤秦紹成。

6月16日　星期四

午後晤劉惠文、小田、菊池、李瑞九、許雋人。晚在朱子謙家請季陶。

6月17日　星期五

午前政治分會開會。午後五時晤膺白。晚偕季陶及頌盤在華安保壽八樓晚飯。

6月18日　星期六

午後偕朱子謙在新開路看屋。晚郭復初來談。

6月19日　星期日

午前晤林森。午後赴郭復初家，再赴朱家晤季陶。午李垕身請吃飯。

6月20日　星期一

午前到中國銀行晤光甫、靄士等，午後趙炎午請吃晚飯。

6月21日　星期二

【無記載】

6月22日　星期三

午後張伯璇在徐園請吃飯。晚在朱家。是日蔣來電准警廳。午前晤藹士。

6月23日　星期四

午後晤李偉賢。

6月24日　星期五

午前上海銀行晤陳光甫。午後沈譜琴來見。晚周佩箴請酒。

6月25日　星期六

周佩珍請吃晚飯。

6月26日　星期日

在朱家請。

6月27日　星期一

九時做記念週照相。午後晤魏道明。

6月28日　星期二

午前晤光甫，又晤許。午請光甫在華安八樓吃飯。晚六時警察同人在中央銀行請客。

6月29日　星期三

午前晤陳藹士先生。五時至國恩寺祭藹士先生夫人十九週年。在福祿壽晚飯。

6月30日　星期四

【無記載】

7月1日　星期五

本日交代警廳。午前七時赴江灣勞動大學開會，十一時晤藹士。午後三時晤李石曾先生。晚七時趙炎午在倉洲旅館請酒。是日午後六時大雨。

7月2日　星期六

本日未出門。

7月3日　星期日

午前赴許處，午後介石回，同去膺白、靜江處。晚七時赴商會公宴。

7月4日　星期一

午前上海銀行、中央銀行，朱子謙家午飯。

7月5日　星期二

午後偕介至藹士處，並謁英士夫人。晚在交涉署宴會。

7月6日　星期三

午前上海銀行晤光甫。午後晤王季文。晚在靶子路九十一號處，陳炳謙、沈聯等晏會。

7月7日　星期四

午前十時上海市長就職。正午總商會宴會。午後偕趙炎午晤介石。夜一時送介石上車回南京。

7月8日　星期五

午前赴上海銀行、朱子謙家、趙炎午家。夜偕光甫赴楊笑天處。

7月9日　星期六

午前偕光甫赴警備司令部。

7月10日　星期日

午前晤雪老，遊靜安寺。午後赴李斐君家。是日，老太太及和樂到滬。

7月11日　星期一

未出門。午前萬雲階來。

7月12日　星期二

午前晤李石曾。十時汝為來談。午後出門吃冰。

7月13日　星期三

午前畢仍安來。午後李斐君來談。

7月14日　星期四

午前李瑞九來談。午後赴朱家。

7月15日　星期五

午前陳光甫家談話。是晚羅先生赴南京。

7月16日　星期六

張力仁到滬，冶誠搬家。

7月17日　星期日

是晨羅先生回滬。力仁來談，赴朱家與季陶談談。午後偕陳光甫晤楊虎、陳君平。

7月18日　星期一

本日未出門。

7月19日　星期二

午前赴蔣家並看張力仁。正午在銀行公會楊敦甫等。晚往一百〇一號。

7月20日　星期三

理髮。

7月21日　星期四

午前七時送羅先上通州船。九時偕文先生、蔣偉國至北車站上車，下午五時到南京，住下關中國銀行。七時進城，九時半介石送到中國銀行。

7月22日　星期五

午前往看劉子雲。正午中行長郭幻春在萬國春請午飯。午後往看張佛昆。三時往清涼山。六時胡仲連請秦淮河。晚介石請吃飯、游船，至十二時出城。

7月23日　星期六

正午十二時在萬國春請客，■後進城，五時至湯山。

7月24日　星期日

午後五時由湯山回城。晚在介石處晚飯，後至陳果夫處，夜十一時回下關中國銀行。

7月25日　星期一

午前七時進城至四太爺家及亞威家。乘九點十分車回滬，四點十分到滬。

7月26日　星期二

午前赴王季文處，午後至武定路。晚冶誠請客。

7月27日　星期三

午前赴安徽會館。

7月28日　星期四

午前赴楊樹浦醫院看和樂，至上海銀行、中央銀行。午後至新新公司，又先施公司。

7月29日　星期五

午前赴陳伯衡家、中央銀行。午後至徐永祚會計師處，看游民工廠賬目。

7 月 30 日　星期六

午前未出門。午後赴許家偕張溥泉至靜江處。晚在銀行公會晚飯。後至朱家。

7 月 31 日　星期日

午前老萬來談。

8 月 1 日　星期一

午後二時赴交通銀行出席鹽餘庫券委員會成立會。四時晤王季文。

8 月 2 日　星期二

午前往晤謝部參謀。

8 月 3 日　星期三

午前赴武定路。十一時到總商會出席愛國捐委員會。午後到銀行公會出席清理游民工廠委員會，並至交通銀行開會。

8 月 4 日　星期四

午前七時赴蘇州住曾家。午後往伍家，並在伍家晚飯。

8 月 5 日　星期五

午前赴范醫生處，並遊公園。顏芝卿請在祇園午飯，午後往伍家並晚飯。

8 月 6 日　星期六

四時卅分起身。七時乘車，因鐵道破壞，至午後四時到上海。是日張叔怡來。

8 月 7 日　星期日

午後張叔怡同去遊徐園，在永安保壽公司晚飯，並至朱家。

8月8日　星期一

午後陳光甫來談，財政無辦法，時局情形不佳。

8月9日　星期二

午前七時至王季文家，八時五十分坐特別快車，午後四時到南。車中遇黃膺白、楊嘯天、張嘯林等。五時至丁公館候介，至夜十一時未歸，即在丁公館宿。

8月10日　星期三

午前六時卅分晤介兄，午前十時往易家橋張公館，又凌毅然處。在二爺家午飯，晚九時晤介兄。

8月11日　星期四

午前七時至小二爺家，坐九點十分車回上海，車中遇陸鳳竹、斯烈、楊筱天、陳人鶴、張嘯林等，四時到上海。是日發電與羅佶子。

8月12日　星期五

午後陳光甫來談，同往香港路何安華處看牙。五時卅分至交通銀行開會。

8月13日　星期六

午前八時往王季文、朱子謙、永安公司、一百〇一號、交通銀行。午後往永益里晤介石。午後五時卅分送介石上新江天船回甯波。晚偕光甫在愚園路晚飯。

8月14日　星期日

午前赴江灣勞動大學為張國書、吳道叔報名。午後理髮。赴劉養如處。

8月15日　星期一

介石宣言下野，午前看牙。

8月16日　星期二

冶誠今日赴甯波，惟仁、湘君送伊上船。午後赴朱家。二時看牙齒，是日影毫由蘇來。

8月17日　星期三

午前陳光甫、王曉來來談。

8月18日　星期四

午後二時往看牙齒。

8月19日　星期五

午後張伯璇來談，晚赴朱家。

8月20日　星期六

午前十一時看牙齒。午後一時赴勞動大學會議（在馬斯南路九十八號）。四時鄭毓秀來。

8 月 21 日　星期日

午前赴王季文處同遊徐園，同至華安保壽公司八樓午飯。

8 月 22 日　星期一

羅先生返滬，光甫來談。十一時看牙齒，偕惟仁到先施公司購物。午後偕羅先生往雪老處。

8 月 23 日　星期二

光甫請大華飯店晚飯。正午十一時看牙齒。

8 月 24 日　星期三

請光甫、敦甫、克家、佶子在大華飯店晚飯。

8 月 25 日　星期四

是日羅先生、三先生往蘇州。午後王季文來談，同去吃【後缺】。

8 月 26 日　星期五

午前萬雲階來，午後陳光甫來談。晚間赴朱家拜佛。

8 月 27 日　星期六

【前缺】甫來談。

8月28日 星期日

午前赴許家並看陳勤宣。正午偕光甫至貝松蓀家午飯，並打拍克。五時半回。六時至朱家。

8月29日 星期一

午前赴佩珍家、靜江家，午後四時上新甯紹船，六時開頭。

8月30日 星期二

午前七時到甯波，改乘小輪，八時開船，十時半到三江口，改乘民船。午後一時到江口乘轎，五時半溪口，七時半乘轎介石老太太墳莊。

8月31日 星期三

謁介石老太太墳墓。

9月1日　星期四

午前七時半與介石往遊雪竇寺。午後到溪口遊覽文昌閣。

9月2日　星期五

未出門。

9月3日　星期六

午前七時赴文昌閣，四時回墳莊。

9月4日　星期日

午前遊半山寺，午後陰雨未出門。

9月5日　星期一

午後往遊文昌閣。

9月6日　星期二

午前往文昌閣，午後往蔣家祠堂觀劇。

9月7日　星期三

午前往遊文昌閣，午後蔣家祠觀劇。

9月8日　星期四

午前登白巖山頂，午後往文昌閣。

9月9日　星期五

午前往雪竇寺，是夜在該寺住宿。

9月10日　星期六

午前遊千丈巖，午後回墳莊。是夜太虛法師在文昌閣對月講經。

9月11日　星期日

午前遊蔣家竹山，午後在文昌閣。

9月12日　星期一

午前遊顏家墳莊，午後在文昌閣。

9月13日　星期二

午前往文昌閣，午後回山。

9月14日　星期三

本日未出門。

9月15日　星期四

午前往文昌閣。

9月16日

天雨未出門。

9 月 17 日

未出門。

9 月 18 日

天雨未出門。

9 月 19 日　星期一

是日下山致文昌閣。是夜宿介石老宅。

9 月 20 日　星期二

遊文昌閣。

9 月 21 日　星期三

遊文昌閣。

9 月 22 日　星期四

午前由溪口乘轎至沈家渡，乘電船。午後二時到甯波乘新甯紹，上船，四時開船。

9 月 23 日　星期五

午前到上海，介石住拉都路 311。

9 月 24 日　星期六

介石住 311 號，會客。

9月25日　星期日

介石會客。

9月26日　星期一

介石會客。

9月27日　星期二

介石會客。

9月28日　星期三

午前六時送介石上船赴日本。

9月29日　星期四

午後偕羅先生出外購書。

9月30日　星期五

午前出外拜客。午後北京大劇院看電影。

10月1日　星期六

卡而登看電影。

10月2日　星期日

午前晤程雪老。是日從二樓遷三樓。

10月3日　星期一

午前八時五十分乘特別快車往鎮江，午後三時到鎮江，坐轎至九如巷陳家。五時遊江邊。

10月4日　星期二

午前偕陳光甫、束勗嚴、羅偕子遊趙伯先公園。是日重九，雲台山登高，後至車站乘十點四十五分車返滬，五時到上海。

10月5日　星期三

午前未出門。午後陳果夫、陳立夫來談，晚往朱家。

10月6日　星期四

去病妹在審判廳發熱。午後一時得電話偕梅佛庵往接回家。是日翟太太來。

10月7日　星期五

謝雲龍來談。

10月8日　星期六

午前五時半起身，六時半到火車站乘七時火車往蘇州，十時廿分到佶子先生家。午後回闊家頭巷，在伍先生家晚飯。

10月9日　星期日

午前往闊家頭巷，在伍先生家午飯。午後二時往何亞龍家，四時看毛家地。

10月10日　星期一

午前七時半到安樂園，九時乘船經葑門、齊門、婁門，至十一時廿分到錢萬年橋惟盈午飯。午後到虎丘坐船到西門上陸，往謁朱陛甫。至曾家，往樂群沐浴。

10月11日　星期二

午前往安樂園。十一時卅分至朱陛甫家午飯。午後往梅家弄至闊家巷。

10月12日　星期三

午前八時由羅家起身趕九點車，是日車誤時間，十時廿分到蘇，午後二時到滬，誤二點卅分之久。午後四到上海銀行。

10月13日　星期四

午前往季文處，彼適赴甯。十時往朱家。十一時梅佛庵偕尤伯鹿來。午後翟太太來，張叔怡來，四時偕叔往李思廣處。

10 月 14 日　星期五

午前偕張叔怡、蘇企六往李思廣處。正午石丹生兄來囑致介紹書與蔣伯誠。

10 月 15 日　星期六

午前送希昭往審判廳。往醫院看和樂。蔣家吃飯。午後買衣料，晚謝德宣來。

10 月 16 日　星期日

午後偕梅佛安出外買書。雙鳳園沐浴。朱家吃晚飯，有戴季陶在坐。

10 月 17 日　星期一

午後一時至戴季陶家，同往蔣家，適周佩珍來，竹戰四圈。後偕季陶往永安公司買物，大華飯店晚餐，十時回。

10 月 18 日　星期二

午後往上海銀行，往審判廳接希昭回。往武定路 101 號，往蔣家。蔡韻琴到滬。

10 月 19 日　星期三

本日未出門。

10月20日　星期四

午前許汝為、萬雲階來談。

10月21日　星期五

本日未出門。

10月22日　星期六

是日羅先生到滬。午後赴光甫處，彼在鎮未回。往福祿壽吃點心。

10月23日　星期日

午前晤許汝為。午後往遊半松園，福祿壽吃點心。晚在武定路晤慎之、卓吾。十時回。

10月24日　星期一

午前赴武定路又李石曾處，晚李石曾、褚民誼來談。

10月25日　星期二

午前出外散步。十時陳立夫偕蔣君來。是日蔣、吳諸君移住拉都路311。午後偕羅先生至北京路觀影劇。

10月26日　星期三

午後往上海銀行。往陳雪老家。審判廳接希昭。送梁女士回川路。蔣家接順兒。

10 月 27 日　星期四

午前謝德宣來。午後解決謝家務。

10 月 28 日　星期五

午前光甫來談，同至致美齋午飯。三時上海大劇院觀影劇。

10 月 29 日　星期六

午前萬雲階、陳光甫、貝松蓀來談。六時至光甫家，七時同至義大利飯店晚飯，後看影劇。貝松蓀、楊敦甫兩兄家在坐。

10 月 30 日　星期日

午前赴張靜江處。午後赴張文白處。晚偕文白在大華飯店晚飯，又往參觀汽車展覽會。

10 月 31 日　星期一

午前偕羅先生訪黃膺白未遇。午後偕惟仁、希昭出外購物。是陳振海送錢來。

11 月 1 日　星期二

午前王季文、丁維芬來談。午後偕惟仁、叔仁出外購物。五時往晤黃膺白，七時回。並往鹽業銀行。

11 月 2 日　星期三

午前晤汝為，午後往上海銀行，五時往陳光甫家。

11 月 3 日　星期四

午前八時惟仁、湘君、順兒三先生往北車站乘特別快返蘇。午後往拜丁鼎丞，晤王季文。三時百星大劇院看影劇，晚陳立夫來談。

11 月 4 日　星期五

午前季文來談。往朱家。午後季堂來談。偕羅先生北京大戲院看影劇。

11 月 5 日　星期六

午前往■■處，遇陸福廷。正午偕戴季陶、魏崇元（號乾初）在華安公司八樓午飯。晚偕堂■往許汝為處。

11 月 6 日　星期六

午前往江灣。午後陳果夫處在同福里十七號。

11 月 7 日　星期一

午前八時五十分特別快車偕羅偕子兄回蘇，十一時到蘇。午後佶子、影毫來談，並晚飯。

11月8日　星期二

午前張叔怡來談。午後往伍伯谷家，同往谷子家，同往觀前。路遇顏芝卿先生，均在我家晚飯。

11月9日　星期三

午前偕顏先生往叔怡、影毫家，同至伯谷家。午飯飯後同至佶子家，並遇何亞龍。午後四時偕佶子、影毫至張矯丞家，並在張家晚飯，九時回家。是日天氣溫和，精神爽快。

11月10日　星期四

午前章誠庵來，吳少蘭來，張叔怡請吃午飯，凌毅然諸君在坐。午後三時偕影毫到佶子家，同去樂群沐浴。介兄是日午後到。冶誠赴甯波。

11月11日　星期五

午前六時起身，七時早飯，九時往圓通寺謁棲谷和尚，適赴滬未遇。歸家，整理花木。午後〇時卅分閱報知介兄到滬，一時十分由家起程，趁兩點廿五分特快，四時半到滬，五時半晤介兄。晚往朱家，十時就寢。

11月12日　星期六

連日天氣清和，精神非常爽快。六時起身，八時往王季文家，適外出。九時到武定路一〇一號。十一時卅分到新新公司。十二時到快活林午飯。再到武定路，四時到天文台路，五時回拉都路。季文七時來談，九時去，十時沐浴後就寢。

11 月 13 日　星期日

午前六時半起身，九時半到陳光甫家，十一時到武定路一〇一號，十二時偕去病到大加利午飯。一時半仍回武定路，三時至環龍路張文白家送行，隨回拉都路。晚偕叔仁遊大世界，九時回，就寢。

11 月 14 日　星期一

午前七時起身，九時到季文處，九時半到陳光甫處，十二時半偕楊敦甫、陳光甫往華安公司午飯。二時偕光甫往半淞園觀菊花，三時返拉都路，四時與介兄談話，八時往朱家，十時回。十一時季文來談，一時就寢。

11 月 15 日　星期二

午前七時半起身，八時半李夢傳來談，十時與介石、果夫、膺白、一民、靜江、石曾談話並午餐，至午後四時散。八時半至武定路，九時半王季文來，十時半去沐浴就寢。

11 月 16 日　星期三

是日七時半起身。十二時卅分偕季文、叔仁往華安公司午飯。甯軍到漢口。晚往朱家，十時沐浴就寢。

11 月 17 日　星期四

午前六時半起身。是日陳靄士在絲業公所為長子結婚，八時前往道喜。後乘八時五十分特別快回蘇州，十二時到家。午後羅偕子先生往觀前購物。晚張矯丞來。

11 月 18 日　星期五

六時半起身，十時顏芝卿、羅偕子來，十一時同出城至惟盈午飯，叔怡、影毫、矯丞亦在坐。乘午後二時卅分特別快返滬，矯丞同行。車、徐、蕭、謝、黃諸同志晚赴武定路晤陶友苓。

11 月 19 日　星期六

八時起身未免太遲。午後一時請陶友苓在大加利午飯。三時同至夏令酌克看影劇。五時至朱家，並晚飯，九時回。十時就寢。

11 月 20 日　星期日

七時起身，八時半看介兄病，九時華祝三來談，十一時同往陳靄士處。回家午飯。何雪竹來談，三時往昆明路六十號晤楊誠君。五時至武定路，六時回。

11 月 21 日　星期一

六時半起身，九時赴上海銀行，九時半赴新新公司，十一時回。一時到南洋西菜社午飯，二時照相，二時半回。九時沐浴，十時就寢。是日飲食太多，臥不甚安。

11月22日　星期二

七時起身。午前華祝三、朱一民、何雪竹來談，並留華午飯。午後銀樓購物卅八元，送黃金榮（六十壽）到照相館。晚飯後往朱家，叔仁夜赴南京。

11月23日　星期三

七時起身。九時半張矯丞來談，十時半赴劉仲欽處，十二時至南洋午飯。午後六時往黃金榮處祝壽，七時朱家晚飯，十時回。十一時與介兄談心。十二時就寢。

11月24日　星期四

因昨晚睡遲，本日八時半始起身。午後偕朱一民往看楊幼京，三時至武定路，是日偕子到滬。是日季文來電，十時就寢。

11月25日　星期五

七時起身。午後二時念分特別快車返蘇，五時十四分到蘇州。是日偕子晤介石。

11月26日　星期六

六時起身，是日順兒過周歲。羅先生由滬往安慶，午後偕影亳往伍百谷家，同回晚飯。

11月27日　星期日

午前六時起身，八時偕影毫赴園修樹。正午請華祝三先生午飯，靖侯、叔怡、芝卿、影毫作倍。午後仍偕影毫修樹。張矯丞、陸心亘到園晤談。同去羅園遊覽，六時偕曾、伍回。晚飯。

11月28日　星期一

午前六時起身，八時到盤門，偕影毫同去朱家老墳買樹，在曾園遇張矯丞，同遊南園。偕曾至圓通寺，回家午飯。二時廿五分車，偕惟仁、阿金往上海。五時到滬，惟仁住天文台路蔣家。十時回拉都路沐浴，寢。

11月29日　星期二

七時半起身。九時赴惟仁處，在天文台路午飯。午後二時往昆明路六十號劉仲欽家。遇陳偉臣、胡培德。四時送惟仁上新江天船往甯波。晚在武定路，夜十一時偕王季文晤介兄，一時就寢。

11月30日　星期三

七時起身。八時半偕劉仲欽晤介兄。十時往拜朱益之、于右任、李夢傳、陸福廷。十二時右任美麗川請午飯。三時到新惠中，右任寫字。晚七時半晤季文。十一時就寢。

12 月 1 日　星期四

七時起身。午後二時至武定路。三時至大華飯店觀蔣介石、宋美齡接婚典禮，五時半至季文處。九時半沐浴，就寢。

12 月 2 日　星期五

八時起身，九時半偕王季文往海格路謁李德鄰，十一時往謁陳光甫，十二回。六時王一亭、王曉來在功德林請夜飯。八時至惠中晤陶友，十時回。

12 月 3 日　星期六

七時半起身，九時半往朱益之處，適外出。二時益之偕季文來談，四時往友苓處。是日本黨執監委員在拉都路 311 開談話會。晚往朱、王家，十二時回。

12 月 4 日　星期日

七時半起身，九時在馬斯南路開模範工廠清理委員會。十時佶子由安慶返滬。立煌來談。晚往王季文、陶友苓處，十一時就寢。

12 月 5 日　星期一

午前七時起身，九時半王季文來談。十二時美麗川請陶友苓午飯。季文、佶子、叔仁作倍。午後二時偕季文謁汝為。三時往遊徐園。

12月6日　星期二

七時半起身，理髮。十一時偕佶子晤面介石。下午五時半偕季文祁齊路晤介石。六時衛立煌來談，九時李德鄰，十二時去。

12月7日　星期三

八時起身。午前朱子謙家。午後三時北四川路看影劇，六時至祁齊路晤介兄。

12月8日　星期四

八時起身，午前未外出。午後三時偕羅先生往卡而登看影劇。六時半介兄請吃夜飯，有方韻松、楊樹莊、李宗仁、李任潮、白崇禧、朱培德、方振伍、張伯璇、王季文在坐，九時回。

12月9日至12日　星期五至一

【缺】

12月13日　星期二

六時廿分起身。九時天文台路惟仁，是時由甯波到此。十一時赴西摩路，十二時赴陶樂春應劉仲欽宴，二時赴惠中晤陶友苓。三時晤季文，李德鄰在坐。晚赴朱家，偕仁回天文台路蔣家，惟仁即在蔣家住宿。

12月14日　星期三

八時起身未免太遲。十一時偕季文往介兄處，十二時在陶樂春劉仲欽午飯。三時偕何雪竹謁蕭紉秋。五時到武定路。晚九時偕季文往介兄處。十二時就寢。

12月15日　星期四

七時起身。八時五十分特別快回蘇，十一時半到蘇。下午偕芝卿、王靖侯往圓通寺，往園地，往伍家。八時就寢。

12月16日　星期五

七時起身，是父母做八十冥壽，在圓通寺念佛，十時歸。

12月17日　星期六

七時半起身。十時往曾家，偕影毫、叔怡往謁蘇昆山。十二時偕影毫、叔怡回家午飯。午後同往園地，經過伍家，再同去樂群沐浴，遇何亞龍、杜錦齋、程斌吾等，七時回。是日午前得羅先生函，昨晚由滬赴安慶。

12月18日　星期日

八時起身，今日未出門。十時影毫來，午後顏芝卿、程斌吾、張矯臣來。影毫、伯谷在家晚飯，並談佛學。八時半得滬電，九時半偕靖侯步行至西門，乘馬車到閶門，住三新旅館，十一時寢。

12月19日　星期一

上午四時起身偕靖侯赴車站，六時上車，九時到滬，十時西摩路晤介兄。午後往晤王季文、陳偉丞，均公出未晤。三時往晤陶友苓，五時回，再晤介兄。晚季文來談，十時就寢。

12月20日　星期二

八時起身。十時何雪竹偕趙炎午來談。十一時半赴昆明路劉公館。十二時偕陶友苓、吳叔仁到南洋午飯，三時回。晚往武定路，又朱公館，十時回。是日陶友苓赴湖北。

12月21日　星期三

七時四十分起身。九時蕭紉秋來談，十一時半赴昆明路，十二時卅分偕希昭南陽菜社午飯。二時王季文來談，五時偕季文往晤朱益之，六時晤李德鄰，七時偕季文中華酒店晚飯。八時回，九時沐浴，十時就寢。

12月22日　星期四

七時半起身。九時到天文台路，十時回，十一時陳果夫來談。午後二時至王季文家，三時至武定路，五時回。是日卓吾來函要款。

12月23日　星期五

七時半起身。叔仁八時五十分車赴蘇州。十一時楊嘯天來談話。午後一時偕希昭到中華酒店，二時到商務印書館，三時夏令配克看影劇。晚赴朱家，九時沐浴，十時就寢。

12月24日　星期六

七時半起身。九季文處，適外出。東亞回拜張伯期，又回拜趙炎午。新新公司購物，午後往上海銀行，往武定路。七時季文來晚飯，八時半季文偕李德鄰來談，十一時去。十一時卅分就寢。是日午後一時叔仁回滬。

12月25日　星期日

七時半起身。正午偕衛立煌、陳承經、郭耀黃、吳叔仁南洋午飯。午後高季堂來談，晚飯後赴武定101、北四川路梁，又赴王季文、朱子謙家。十時回，就寢。

12月26日　星期一

七時半起身。十二時在功德林請孫蒓齋、溫佩珊午飯。午後二時半武定路。四時半偕王季文回。夜十時半偕季文赴祁齊路晤介石。十一半回，一時就寢。

12月27日　星期二

八時半起身。上午未外出，蕭紉秋來談，並留午飯。午後陳果夫來談，二時偕王季文往東亞旅館謁黃德秋。晚衛立煌來，十一時去。十二時沐浴就寢。

12月28日　星期三

九時起身未免太遲，今日未出門。羅先生午後二時由安慶到上海。五時晤介兄，九時半就寢。

12 月 29 日　星期四

八時起身，十一時訪朱益之，晚往朱家。七時衛立煌來談，十時就寢。

12 月 30 日　星期五

八時起身，十二時半朱益之來談。午後一時偕衛立煌、王季文、叔仁美麗川午飯，三時偕季文上海大劇院看影片。六時回，晤介兄。晚季文來談，十時沐浴就寢。

12 月 31 日　星期六

八時起身，午前往晤季文。十時馮軼斐、衛立煌來談。午後三時往武定路，五時晤介兄。六時半李德鄰來談，同去美麗川晚飯，又同往王季文。十二時回，就寢。

本年身體較去年好，學問無進步，亦未十分念佛，固屬無暇，亦屬自己不振作也。

人名錄

陳靄士先生	聖母院路順慶里三號
蔣君羊先生	九江孝子坊五十五號
張岳軍先生	法界禮和里三號
鈕惕生先生	環龍路志豐里五號
張亞威	安慶近聖街胡公館
劉叔雅	北京北池子草垛胡同四號
高季堂	蕪湖江口長安棧
	上海法界愷日爾路惟善里三號
張亞威	蘇州近風橋下塘十五號
李萼樓	上海山海關路安順里一百四十九號

收入書信表

張亞威	一月十日
羅偕子	一月十三日
鈕先生	一月十三日
羅先生	一月十四日

發出書信表

鈕兄	一月五日
陳靄士	一月五日
鈕兄	一月十日
介兄	一月十一日
介兄	一月十八日
介兄	二月十日
艮初	二月十日

介兄　二月十六日

介兄　二月廿四日

介兄　二月廿五日

介兄　三月一日

介兄　三月五日

介兄　三月廿日

雜錄

一月六日晨，羅北上，是日子謙來函，並五兄電。

16.1.31.　16.2.6

二月二十日致蔣號電。

二月廿三、四、五致蔣電。

二月廿八至蔣二電，三月五日致蔣電。

三月致蔣號電。

1928年（民國17年）　45歲

1月1日　星期日

八時起身。午後偕王季文往晤李德鄰，四時天文台路蔣公館，晚往朱家。是日張叔怡到滬，十一時就寢。

1月2日　星期一

七時起身。八時至王季文偕往李德鄰處，送李上車，九時開車，張靜江、吳敬恆、蔡孑民同行。十時半赴吳鐵臣宅弔喪。一時晤介石。十二時叔怡、叔仁美麗午飯，三時武定路。晚九時張叔怡赴湖北。十一時就寢。

1月3日　星期二

七時卅分起身。十時晤介兄，十一時晤季文，同去午飯。午後一時羅先生到滬，七時晤介兄。晚季文來談。九時半就寢。

1月4日　星期三

七時起身。八時祁齊路介兄公館，八時到車站送介兄上車赴南京，十時至王季文、朱子謙家坐。午後十二時卅分車回蘇州，四時到家，約影毫、芝卿、伯谷來談，並晚飯。十一時就寢。偕子北上。

1月5日　星期四

八時起身。十時影毫來，偕同惟仁往新園觀梅。

十一時偕影毫赴車佔，乘十二時四十五分車，三時半到滬，四時往陳惟臣、王大楨。晚在朱家，請朱益之、黃衡秋、王季文。十一時回，就寢。

1月6日　星期五

九時起身。十時王季文偕孫發緒來談。廖漢瀛、楊誠來談。午後往武定路、天文台路。晚往朱家、蔣家、希昭處。二時陳惟臣來，四時理髮，十時就寢。

1月7日　星期六

七時起身。八時到天文台路偕偉國到車站，九時開車，四時到甯，五時至介石處，季文、益之同來。晚七時至陳雪軒處，十時回。十一時就寢。

1月8日　星期日

八時起身。九時西花園晤介石、靜江。十時晤李德鄰、朱益之，在李處午飯。午後往晤陳雪軒，在張亞威家晚飯。九時偕王季文晤介石，閱介石復職通電。十時就寢。

1月9日　星期一

八時半起身。九時王季文來，同往李德鄰處。十一時偕王往介兄處，並午飯。午後偕王往朱益處，德鄰在坐，談兩湖事。三時再晤介兄。十時就寢。

1 月 10 日　星期二

七時半起身。九時致德鄰處，十時偕李德鄰、朱益之、黃衡秋、王季文、潘宜之往湯山沐浴。五時回，晤介兄。七時往陳雪軒處，十時回。十一時就寢。

1 月 11 日　星期三

八時起身。九時德鄰、季文來談。午後偕季文遊花台、夫子廟，五時回。晚介兄西花廳晏會。十時赴德鄰處。十一時就寢。

1 月 12 日　星期四

七時起身。八時至介兄處，偕偉國到下關乘特別快赴滬。五時半到滬，六時至天文台路蔣公館，七時半晤陳偉臣，隨往武定、拉都路朱公館。十時半回天文台路過宿。

1 月 13 日　星期五

七時起身。八時到拉都路，偕叔仁到北站乘特別快赴甯。五時半下關，六時半李德鄰處。七時半西花廳晤介兄，九時半回，十時半就寢。車中遇湯筱齋。

1 月 14 日　星期六

八時起身。九時張霞齡處算命。十時李德鄰、王季文來談，並留午飯。午後一時晤介兄，三時偕季文往湯山，是夜在該處住宿，並與介兄暢談，十時寢。

1月15日　星期日

七時起身。十時沐浴，午後一時回，二時到香鋪營，四時至陳學軒處，並晚飯，八時至李德鄰處，九時回。軍事委員會西花廳是日遷該處。

1月16日　星期一

七時起身。九時赴易家橋張亞威家晤張靖伯、劉亮章並張家午飯。午後張靖伯家，三時偕王季文遊秀山公園、北極閣。五時至李德鄰處，並晚飯，何敬之在坐。九時回。

1月17日　星期二

七時起身。九時往李德鄰處並午飯。三時偕季文、德鄰晤介兄。四往易家橋張亞威處。六時張叔怡來見介兄，並晚飯。十時就寢。

1月18日　星期三

六時起身。七時半晤介兄，八時至李德鄰處偕德鄰、季文赴車站，九時開車，二時半到蘇州，四時半到家。德鄰、季文乘原車赴滬。

1月19日　星期四

九時起身。十二時三十分車站，壹點四十分上車，三點四十分到上海。隨到季文家，五時回拉都路，適影毫、靖侯、佛庵來談，晚往朱家、蔣家。十一時沐浴。

1月20日　星期五

八時起身。九時往文安坊三號晤俞樵峯，十時往晤李德鄰。赴新新公司購物，中華相館照像。午後季文、德鄰來談，七時偕影毫、季文、叔仁小有天晚飯。八時季文家晤温翹笙。九時回，十時就寢。

1月21日　星期六

五時起身。六時廿分到大中旅館偕影毫至車站，乘七點鐘車，九時半到蘇州，十時十分到家。午後偕影毫、叔怡赴護龍街買香爐，路遇何亞龍，同赴吳苑吃茶，六時半回。留影毫、叔怡、芝卿晚飯。九時就寢。

1月22日　星期日

八時起身。午後一時偕顏芝卿赴護龍街買木器，四時回。影毫來談。是日部子、介石來電，自己譯至十一時始就寢。

1月23日　星期一

六時起身。七時敬香，八時早點。九時赴顏、伍、張、何、羅家拜年，十一時■芝卿、亞龍來拜年。午後叔怡、丙一、影毫來拜年。偕影毫張矯臣家，亞威、影毫、叔怡竹敘，並晚飯，十時就寢。

1月24日　星期二

六時起身。九時往彭丙一、梅佛庵、楊味霞家拜年，十時伍肯蓀來。午後一時廿分往火車站乘二時卅車，四時半到上海。是日車中人滿無坐位，立到上海。五時半偕惟仁往王季文及朱子謙家，惟仁在朱家晚飯，我在王家晚飯。十時偕惟回，十一時就寢。今晚發電與佶子。

1月25日　星期三

七時半起身。九時往王季文，適李德鄰來談。十一時偕季文往朱益之、陳雪軒處。午後梅福安、黃膺白來談，五時往武定路，六時半往天文台路晚飯，並打牌。九時半回，沐浴，十時半就寢。

1月26日　星期四

八時起身。九時往謁溫翹蓀，十時往謁黃膺白。午後往謁秦慶麟，往武定路。晚約李德鄰、陳雪軒、朱益之、王季文、張亞威、黃衡秋聚餐。九時往天文台路，十時往大東謁張亞威。十一時回，十二時就寢。

1月27日　星期五

六時起身。八時廿分到車站乘八時五拾分特別快車往甯。何敬之、李德鄰、王季文等同車，四時卅分到甯。五時到遊府西街東方飯店，五時半晤介兄，六時半往德鄰處，並晚飯。九時半回店就寢。

1月28日　星期六

七時起身。九時往西花廳晤介兄，十時至德鄰處，並午飯。午後偕王季文、溫翹生往謁何敬之。三時回花廳晤靜江、石曾，四時姚褆昌來談。今日午前由東方移往西花廳。六時往介兄處，七時往李德鄰處，十一時回，就寢。

1月29日　星期日

七時半起身。九時晤介兄，德鄰在坐，午後一時往謁朱益之，五時溫翘生來談，六時介兄約聚餐，在坐三十餘人。八時偕王季文回，九時半王去，十一時就寢。

1月30日　星期一

八時起身。九時半晤介兄，季文在坐，所談頗關大局。午後一時張亞威來，二時季文、溫翘生同去沐浴，四時遊秀山公園，五時李德鄰公館，六時回，十一時就寢。是日叔仁由滬轉部子來電。

1月31日　星期二

七時起身。十時與石曾、靜江談話。十二時往李德鄰處，並午飯。午後偕德鄰到西花廳，二時偕季文、翘生赴湯山，六時回。同往陳雪軒處晚餐，後往總部同往介石家，同往譚組安。十一時回，就寢。

2月1日　星期三

七時起身。七時半到李公館，送王季文、温翹生湖北之行。八時半到下關，船已開行，仍偕王、温二兄回。午後何雪竹、衛立煌來談，晚八時偕王、温二兄到下關住大新旅館。至夜一時就寢。

2月2日　星期四

六時起身。六時半送王、温二兄上龍和船後，七時回西花廳。十時汪寶忠來談，十一時衛立煌來。午後趙正平、李德鄰來，晚張亞威、李協和、陳果夫來談。今日與靜江、石曾談話甚多。十一時半就寢。

2月3日　星期五

七時起身。十時赴東方飯店晤孫蒓齋，同往木屐巷桂公館，十二時回。午後偕張亞威遊秀山公園，在陳雪軒公館晚餐。十時回，與石曾、靜江、介石、德鄰談話。十一時就寢。

2月4日　星期六

七時起身。午前趙厚生、張亞威來談，又汪寶忠來談。午後未出門。晚飯後赴香鋪營蔣宅談話。十一時就寢。

2月5日　星期日

七時起身。午前往謁李德鄰、張亞威、孫蒓齋、趙正平，十二時半回。午後陶友苓、佘子緘、曾東甲來談，五時偕李德鄰往謁李協和、戴季陶，七時在德鄰晚飯。九時張叔怡、趙盡臣來談，十時偕德鄰、靜江談話。十二時就寢。

2月6日　星期一

八時起身。午前孫蒓齋先生來談，午後宣雨階、李運啓、張叔怡來談。晚介石來談，又與靜江、石曾談談話，十二時就寢。

2月7日　星期二

八時起身。午前錢瑞庭來談。午後亞威、叔怡來談。五時孫蒓齋約赴臨園沐浴，六時同回，晚飯與李德鄰談話，十一時就寢。是日中央第四次大會閉會。季文來電，本日由漢赴湘。

2月8日　星期三

八時起身。九時赴介石，偕往李德鄰家，十時赴張叔怡家，偕往孫蒓齋處。午後陳東原、衛立煌，孫養癯、汪小侯來談。五時往陳雪軒處，蒓齋在坐，六時半往介石處，七時張亞威請晚飯。九時回，蒓齋來，十一時睡。

2月9日　星期四

七時半起身。是日介兄出發徐州，九時赴介兄家。十時同赴下關過江。午後二時介兄車開行，後偕朱一民進城至陳雪軒處。三時回，約孫養癯來談，又高季堂來談。十時就寢。現在各方意見紛紛，介兄能決心北伐，實可佩也。

2月10日　星期五

六時半起身。八時往下關特快車回蘇州。是日天大雪，從南京至丹陽遍地皆白，誠美觀也。午後三時到蘇，從新平門進城。三時四十分到家，約影亳、芝卿來談，十時就寢。

2月11日　星期六

八時起身。午前影亳來。十一時卅分赴車站，二時半上車，五時到滬，隨往蔣家、朱家。七時子謙請在中央晚餐，九時偕惟仁回。十時沐浴就寢。

2月12日　星期日

六時半起身。八時偕叔仁到車站，九時開車。午後四時十分到南京，車中遇林赤民、潘一山、邱潤初。五時到西花廳，七時往李德鄰處，八時回。孫孟戟來談，十二時始去，隨即就寢。

2月13日　星期一

八時起身。午前靜江、石曾、稚暉由滬到。午後冷禦秋、孫養癯來談。四時往四太爺家及陶友苓處，晚往陳雪軒家晤孫孟戟、張秋白等。是日並會見戴季陶等。十時半就寢。

2月14日 星期二

七時起身。午前冷禦秋、孫養癯、高季堂，十二時偕張叔怡到金陵春午飯。午後至高樓門晤戴季陶，適返滬。晚與李石曾、吳稚暉、張靜江、朱一民談話。十時就寢。

2月15日 星期三

七時半起身。午前往李德鄰處，十一時卅分往黨家巷二號楊穀仁處。午後一時汪筱侯。三時遇宣階偕高桂滋來。四時往叔怡，往下關沐浴，五時半回。晚晤趙鐵橋。十一時就寢。

2月16日 星期四

七時廿分起身。十二時在金陵春請冷禦秋、趙正平、陶友苓、張叔怡午飯，飯後偕禦秋、正平謁總理墓。五時回京，七時國民政府請晚餐，有吳藻華等在坐。九時高季堂來談。十一時就寢。

2月17日 星期五

七時廿分起身。九時往謁高桂滋、于右任、宣禹階。十一時偕李石曾赴湯山沐浴，午後四時回。七時赴陳眾孚宴，九時赴陳雪軒處，十時卅分回。十一時就寢。是日天氣清和，梅花暢放，快哉樂哉。

2月18日 星期六

七時起身。午前未外出。午後張亞威、陳雪軒、李德鄰先後來談，並與德鄰遊秀山公園，又靜江、稚暉談話。七時赴張佛坤晚晏，有黃膺白、張亞威、陳雪軒等在坐。九時回，十一時就寢。

2 月 19 日　星期日

七時起身。九時往張亞威家，往總部陳立夫處。午後亞威來談，又午前陳西坪來談。晚與張靜江、李石曾、吳稚暉、馬寅初談話。十時半就寢。

2 月 20 日　星期一

七時十分起身。午前藍春恒來談，午後李德鄰來，同遊雞鳴寺、北極閣。晚與靜江、石曾、稚暉談笑話。十一時就寢。是日介石由徐回南京。

2 月 21 日　星期二

七時半起身。本日未出門。午前李用賓來談，又李德鄰來談，並留午飯。午後冷禦秋、張亞威來談。十一時就寢。

2 月 22 日　星期三

七時起身。九時半介兄由湯山回來談。午後往陳雪軒處，又往冷雨秋處，並往張矯臣、吳仲常，均外出未晤。八時朱一民、陳立夫來談。九靜江、石曾、稚暉返滬，十一時就寢。

2 月 23 日　星期四

七時起身。九時偕冷禦秋往晤介兄，吳藻華適在坐。十一時赴魯書處，又往張秋白處，又李伯英來談。午後五時德鄰、介兄亦來。晚留德鄰、亞威晚飯。八時赴金陵應張矯臣約。九時葉楚傖來。十一時就寢。

2 月 24 日　星期五

七時起身。九時宣禹階來談。十一時偕李德鄰往湯山，午後五時回。劉養如來談，楊笑天來。七時冷禦在金陵約晚飯。九時偕亞威回，談話。十一時就寢。

2 月 25 日　星期六

七時半起身。九時往香鋪營介兄處，再往陶友苓處。十一時譚曙卿、舒質夫來談。午後至李德鄰處，同往後湖遊覽。五時回，亞威來談。又午前范益臣、陶友苓來談。十時半就寢。

2 月 26 日　星期日

六時半起身。八時半到小三爺家。九時到下關車站上車，三時到蘇，乘洋到觀前散步。四時半到家，五時半到影毫家，七時回。九時半就寢。

2 月 27 日　星期一

七時起身。九時到伍家，至新園觀梅，適影毫來植樹。十一時同至伍家午飯。偕影毫、樂群沐浴。五時至曾園觀梅，七時回家。十時就寢。

2月28日　星期二

六時半起身。八時半赴新園植柳，惟仁、湘君同來觀梅，偕往羅園觀梅，再回新園，適影毫、芝卿、肯孫來，並約伍先生同回午飯。趕二時五十分車，五時到滬。七時往蔣家及朱家，九時半回，十時就寢。

2月29日　星期三

七時半起身，沐浴。九時赴郎培安醫院看希昭病。十時往謁趙厚生，十一時半孫蒓齋來談，偕至功德林午飯。飯後送孫回寓，二時往黃浦碼頭接羅先生，並孫君至一品香七十五號，七時在拉都路為伊等洗塵。八時往朱家，九時回。十一時寢。

3月1日　星期四

七時起身。九時往看希昭。十時新新公司購物。十一時往季陶處，冷欣在坐，三人共遊半松園，在該處午飯。飯後到冷宅，一時到天文台路與劉閔雨女士及季陶竹敘。五時回，介石是時到滬，約往孔宅談話。八時回，九時至朱家，十時回，十一時寢。

3月2日　星期五

六時起身。八時至車站送介兄上車赴杭州。八時半到醫院看希昭病。十一時趙厚生、衛立煌來，羅先生由蘇回。十二時偕趙、羅赴中央菜社午飯，飯後送趙回家。六時高季堂、衛立煌來並留晚飯，十時客去。十一時就寢。

3月3日　星期六

七時半起身。九時劉叔雅偕方毫、夏純來談，十一時偕劉往謁胡適之，十二時偕劉中央午飯。三時袁子金、高季堂來談。八時往朱家，九時半季堂來，十時沐浴，就寢。

3月4日　星期日

七時起身。午前九時齊祁路晤介兄，有靜江、子文、果夫、茂容諸君在坐，午後德鄰來談。三時介兄來拉都路，介紹會孫君。晚赴楊筱天處，十時就寢。

3月5日　星期一

七時起身。午前九時赴靜江處，十時赴德鄰處，十一時一品香孫君處，十二時偕孫君及羅、吳二君赴美麗午飯。飯後赴天文台路，六時宋子文、李德鄰來談。八時謝書民來，九時赴朱家遇季陶、艮初，十二寢。

3月6日　星期二

七時起身。九時赴靜江處，午後看希昭病。七時應張伯璇之晏，有德鄰、益之、天一、岳軍等在坐。九時上火車，偕靜江赴甯，九時半開車。十一時就寢。

3月7日　星期三

七時起身。九時車到下關，九時半到西花園。午後六時往介兄，七時往陳雪軒兄處。是日與靜江談話甚多。十一時就寢。

3月8日　星期四

六時半起身。九時張亞威、衛立煌先後來談。午後往陳雪軒處送行。八時往介兄處，九時往萬家。十二時就寢。

3月9日　星期五

七時起身。史介民、高季堂、卓吾弟先後來談，午後史蘊璞送方叔平電報來。三時偕俊如、叔怡至陳宅晤一民，並在陳宅晚飯。八時回，與靜江談話。十一時就寢。

3月10日　星期六

七時半起身。午前往謁龍鳴皐、陶友苓。午後偕叔怡沐浴。八時靜江請酒，有組庵、孑民、養甫諸君在坐。十時就寢。

3月11日　星期日

六時半起身。午前會客，午後往龍鳴皐處、楊穀仁處、衛俊如處。七時往介兄處，並晚飯。孫蒓齋、高季堂、倪世雄、葉守乾先後來談話，慎之今日起身赴皖。十二時就寢。

3月12日　星期一

六時半起身。偕孫蒓齋先生趁九時十分車特別快車往上海，午後五時到。七時往朱公館，並晚飯，飯後與陳艮初談話。十一時回，就寢。

3月13日　星期二

七時半起身。九時孫蒓齋來談，十時卅分往謁宋子文，十二時到朱家午飯。午後三時看希昭病，四時宋志元來，五時赴朱家。十時就寢。

3月14日　星期三

六時半起身。午前看希昭病，十時往新新公司。午光陸劇館看電影。三先生由吳錫回。八時梅佛安、謝少康先後來談，九時往朱家。十時半就寢。

3月15日　星期四

七時起身。午前會謝少康、謝茂林。午後百星看影劇。五時半往天文台路，八時往朱家。十時就寢。

3月16日　星期五

七時起身，沐浴。九時偕叔仁赴九綸購物，午後看希昭病。三時派恩亞觀影劇，八時半往張靜江處，十時往朱家。十一時就寢。

3月17日　星期六

六時半起身。乘九時特快車回蘇州，十一時半到家。十二時到影毫家午飯，飯後偕友苓往新園、往伍家，七時回。十時就寢。是日夜車靖侯送信赴甯。

3月18日　星期日

六時半起身。午前、午後在新園整理樹木。羅先生在家午飯，並晚飯，十時客去。十一時就寢。是日發快信與介兄。

3月19日　星期一

六時起身。午前未出門。十二時羅家午飯。三時偕佶子、影毫、樂群沐浴，六時回。伍、羅、曾同晚飯，九時客去。十一時就寢。

3月20日　星期二

六時半起身。是日在新園整理樹木，在羅家午飯。

五時偕佶子、影毫、芝卿在樂意茶點，七時回。十時半就寢。

3月21日　星期三

六時起時。午前、午後皆新園整理樹木。午前八時楊譜笙來談，午後六時偕羅、張、曾及羅令弟到樂意晚飯。是日十二時凌毅然來，陶友苓赴甯。快信介兄。十時就寢。

3月22日　星期四

七時起身。午前未出門，顏芝卿來談。午後朱升甫來談，佶子來。九時半就寢。是日天陰，氣候較寒。快信介兄。

3月23日　星期五

七時起身。九時蘇企六偕叔怡，飯後蘇赴滬。是日收到季文號電。十時就寢。

3月24日　星期六

七時起身。午後偕佶子回拜朱升甫，一同往遊曾園。九時就寢。十時收到季文馬電。

3月25日　星期日

七時起身。午前羅園看桃花，往看伍先生。午後觀前沐浴。十時就寢。

3 月 26 日　星期一

六時起身。十時到蘇車站，十一時特別快赴甯，三點四十分到下關，五時至陳雪軒處，六時至李德鄰處。是日夜李赴漢口，七時至介兄處，十時出。至東方飯店，十一時回，就寢。

3 月 27 日　星期二

滬甯民用飛機開始航行。

七時起身。午前往十一路辦公處晤趙厚生、蘇宗轍等。午後偕衛立煌、羅偕子往陳雪軒處，遊公園。七時雪軒同往介兄處晚飯，有偕子、子良等數人在坐。十一時回，就寢。

3 月 28 日　星期三

民用飛機初次用報到甯。

六時半起身。午前往陶友苓處。午後三時晤介兄。四時趙厚生、蘇宗轍來談。五時往雪軒處，夜十一時回。十二時就寢。是夜陳雪軒出發清江指揮北伐。

3 月 29 日　星期四

七時起身。八時往謁張靜江，九時往謁李任潮。十一時偕子、立煌往湯山沐浴。午後三時謁總理墓，五時回。晚謁朱一民。十時卅分就寢。

3 月 30 日　星期五

六時起身。八時蘇宗轍偕偕子乘九時特別快。偕到蘇，我到滬。車中遇陳眾孚、潘公弼、徐競寰諸君，五時半到滬。十時就寢。是日天氣溫和，桃紅柳綠很愉快。

3 月 31 日　星期六

六時起身。午前往謁凌毅然、朱子謙，在朱家午飯。午後會陳中孚、李國筠，並送朱子謙杭州之行。晚衛立煌來談，十一時就寢。是日介石出發徐州。

4月1日　星期日

七時起身，沐浴。九時裁縫來剪衣。十一時往武定路101。十二時衛立煌同往宋志元家，一同大西洋午飯。二時遊徐園，三時卡爾登看電影，五時回。晚七時半與希昭談念佛。

4月2日　星期一

七時起身。九時羅先到滬。十二時廿分陳中孚來談，又王煥章來談。三時偕佶子百星看電影。五時福祿壽吃茶，遇陳人鶴。六時往看蕭紉秋。十時就寢。

4月3日　星期二

六時起身。偕佶子乘九時車，十一時到蘇。午後往新園看桃花，往羅家、伍家，偕羅、伍往曾家，同往樂意吃點心，八時回。九時就寢。

4月4日　星期三

六時半起身。午前張叔怡來。十二時孫蒓齋由滬來。二時偕孫遊羅園，孫乘六時五十分車回滬。十時就寢。

4月5日　星期四

七時起身。九時往圓通寺，往新園。午後偕佶子往曾園，往樂群沐浴、樂意吃點心。九時半就寢。

4月6日 星期五

七時起身。午前種花，午後赴羅家。十時就寢。

4月7日 星期六

四時起身。乘六時廿分車，八時半到滬，晤孫蒓齋，蔣家午飯。午後二時廿分車，五時半到蘇，約佶子來談。九時就寢。

4月8日 星期日

馴兒今日起斷乳。六時起身。八時偕惟仁、湘君往安樂園看墓地，二馬路看櫻花，曾園看花，十時半回。午後叔怡來，同往羅家，再往伍家。九時就寢。

4月9日 星期一

六時半起身。本日天雨未出門。午後佶子、影毫、叔怡、伯谷來談。季文、介石來電，蒓孫來快函。十時半就寢。

4月10日 星期二

七時起身。八時赴通和坊湖南會館回拜唐益林。九時到新園，惟仁、湘君、順兒均在該處，偕順兒到羅園。午後未出門。羅、曾、張、顏、伍諸君來談。十時就寢。

4月11日 星期三

六時起身。由蘇乘九時廿分車，十一時四十分到滬。倍子、叔怡同來，下車後，美麗午飯。一時晤孫莼齋，三時何香凝來，五時看影劇。十時沐浴，就寢。

4月12日　星期四

六時半起身。九時往武定路，又往銀行，又往季文家。午後四時接王惠南（名宣平），係孫莼齋介紹。十時就寢。

4月13日　星期五

七時起身。午前九時廖夫人談話，十時中央銀行，十一時朱公館。午後王夫人來，五時天文台路蔣公館。夜九時半赴南京。

4月14日　星期六

六時起身。九時到下關車站，季文來接，住第三路總指揮部。午後偕季文遊雞鳴寺，往下關晤朱益之，黃局長亦剛請晚飯。九時半就寢。

4月15日　星期日

六時半起身。九時偕季文往謁張靜江、吳敬恆，十時往謁朱一民。十二時金陵春午飯。飯後往謁朱協和、何敬之，均外出未晤。晚何敬之來談。十一時就寢。

4月16日　星期一

七時起身。午後五時到下關花園飯店。夜十一時偕益之、季文、叔怡、鳴高過江。一時開車，赴徐州。

十二時睡。

4 月 17 日　星期二

七時半起身。夜一時半到徐。三時就寢。

4 月 18 日　星期三

六時起身。七時偕益之、季文謁介兄，介留早飯，十時回寓。午後二時介石來談，又雪竹、立凡、立煌、志元、天一等來談。四時偕立煌、季文遊子房山、雲龍山。七時立煌處晚飯，八時介兄約談。九時企六、矯臣來談。十一時寢。

4 月 19 日　星期四

七時起身。上午未出。下午偕益之、季文遊雲龍山、范增墳、戲馬場。七時衛俊如請晚飯，有楊杰、熊天一等在坐。六時半偕王、張、龍三君到車站，九時半開車。十時睡。

4 月 20 日　星期五

五時半起身。午後五時到浦口，本可午十二時到浦，因車至明光，適遇某權貴北上專車車頭損壞，強將我們人民乘用車頭換去。似此強橫，除革命外，無他道矣。七時偕季文等至北門橋嶺南樓晚飯，九時偕叔怡凝園沐浴。十時回，就寢。

4月21日　星期六

六時起身。八時偕季文往謁張靜江、吳稚暉。九時往丁鼎丞，十時至王宅早飯，十一時往謁何應欽。十一時半赴下關乘一時卅分車，車遇齊俊卿、吳頌華。七時到蘇，八時到家，九時半就寢。

4月22日　星期日

六時起身。午前佶子來，並致函李、朱、衛諸君函。午後偕羅致曾園，同到樂意晚飯。八時回，九時半就寢。

4月23日　星期一

六時起身。拾時謝雲龍、曾影毫，十一時偕曾往新園，十二時羅家午飯。二時赴鐵路飯店回拜竺芝珊、劉采亮，三時回。晚伯谷、芝卿、佶子來談，九時半就寢。

4月24日　星期二

六時半起身。九時偕惟仁、湘君往新園，並遊羅園、伍園。午後樂群沐浴。是日佶子等竹戰。十時就寢。

4月25日　星期三

六時半起身。九時往新園。午後伍伯谷、何肯蓀、何小泉來談。九時就寢。是日伍先生大談佛經。

4月26日　星期四

七時起身。午前往新園。十一時孫蒓齋來。午後偕蒓齋往羅園、伍園、園通寺，約伍、羅及叔怡陪孫晚飯。十時就寢。是日偕子等竹戰。

4月27日　星期五

四時起身，五時偕孫蒓齋由闊家頭巷起程，五時五十分到車站乘六時卅分車，九時廿分到滬，十二時季文來。午後往季文、子謙、冶誠處，並在蔣家晚飯。十時就寢。

4月28日　星期六

六時起身，九時半季文來談。十二時偕偕子、季文、叔仁往美麗川午飯。午後往朱家送朱子謙行。十時就寢。是日午後並晤劉紀文。

4月29日　星期日

六時起身。午前孫蒓齋來談。午後謝少康、王季文、温翹生來談，偕温、王往謁胡適之。至新新旅社温處吃點心，五時回。與何香凝談。七時晚飯。九時就寢。

4月30日　星期一

六時半起身。午前未外出，看書。午後二時高季堂來，七時在本宅請鍾祖培、温翹生晚飯，王季文、羅偕子作陪，九時客散。十時就寢。

5月1日　星期二

七時起身。午前偕王季文往孫蒓齋、温培珊、鍾祖培處。午偕佶子看影劇。十一時就寢。

5月2日　星期三

七時起身。九時季堂來，十時前温世珍來談。午後偕季文遊徐園，三時同往中央看電影，五時同謁孫蒓齋。晚九時半何玉龍來談，十一時何去，就寢。

5月3日　星期四

七時起身。佶子乘九時車回蘇。午後往謝家，並往萬雲階處，往天文台路蔣家。是日駐濟南日本兵與革命軍發生衝突，形勢嚴重。

5月4日　星期五

七時起身。九時謝少康來。午後偕季文往新新旅館，參與温翹生接親禮。四時孫蒓齋來，又季文來，同往温世珍家，一同往功德林晚飯。偕季文往時事新聞報館晤陳布雷，十時回，就寢。

5月5日　星期六

六時起身。王季文偕黃衡秋來，十一時偕王往謁孫丹林，十二時大中午飯回拜。至東亞回拜黃衡秋，又至新民村訪温翹生，三時回。是日温世珍北上。十一時就寢。

5 月 6 日　星期日

六時起身。午後三時北京大劇院看電影，晚八時遊大世界。九時往車站，接劉子雲惠賓樓吃飯，與劉談話。十二時就寢。

5 月 7 日　星期一

七時起身。九時王季文來，與劉子雲談，又謝少康偕陳參謀來。十時，偕王、劉往美麗午飯。二時回，晚季文來，十一時就寢。

5 月 8 日　星期二

六時半起身。王季文九時車赴甯轉漢，我車站送行，後往王喬松、趙厚生處。午後四時余偉之介紹曹頌彬來見，又陳同介紹謝少康介紹劉君等來見。十一時就寢。日兵砲攻濟南。

5 月 9 日　星期三

五時起身。乘八點五十分車回蘇州。午後偕羅佶子往曾家、張家。九時就寢。

5 月 10 日　星期四

六時起身。午前顏芝卿偕蔣正卿來。午後往羅家、伍家，又張叔怡來，並留羅等晚飯。九時就寢。

5 月 11 日　星期五

七時起身。午前佶子偕亞威來談，同去佶子家午飯。飯後偕子往樂群沐浴，至伍家、至羅家晚飯。九時半回。十時就寢。

5月12日　星期六

七時起身。午前未出門。午後二時往曾園，偕羅、伍、曾回家吃點心。乘六時五十分車，九時十分到滬，孫蒓齋來談。十二時就寢。

5月13日　星期日

七時起身。午後謝少康偕劉牀青（名漢幟）來談，四時偕叔怡赴一品香看亞威。九時就寢。

5月14日　星期一

六時起身。八時沐浴。叔怡返蘇。九時張亞威來，十二時同往會賓樓午飯。五時往天文台路蔣家，往朱家，在朱家晚飯，九時回。十時就寢。

5月15日　星期二

六時起身。十時佶子由蘇來。午後偕佶子明星大劇院看影戲，五時同往亞威處。十一時就寢。

5月16日　星期三　三月二十七日　丙辰

是日孫蒓齋赴津。

五時起身，乘七時車赴南京。午後四時到下關。季文來接，到七軍辦公處。偕季文往謁朱一民，並遇張岳軍，又往張靜江、李協和。十時回東方飯店，十二時就寢。

5月17日　星期四

六時起身。乘九時十分車回上海，車中遇嚴慎予君。四時十分到滬，倍子、叔仁來接，同江南大旅社亞威處。晚偕倍子往朱家，亞威來談。九時半就寢。

5月18日　星期五

七時半起身。午前與何香凝女士談。午後三時偕羅先生卡爾登看影戲。六時史國英偕劉國楨來見，七時梅佛安來談，八時赴天文台路蔣家。今日午後四時到滬，住在蔣家。九時半回，就寢。

5月19日　星期六

六時半起身。午前九時史國英、劉國楨。午後三時偕羅先生夏令培克看影劇，晚往蔣家、朱家。十時就寢。

5月20日　星期日

六時半起身。九，天植、道叔、國書來見。午後偕偉國、倍子等到卡爾登看影戲，十時就寢。

5月21日　星期一

七時起身。十時至爵祿飯店回拜吳霖生，十二時蔣家午飯。三時到北京大戲院看電影。九時半就寢。叔仁夜車往南京。

5 月 22 日　星期二

六時起身，沐浴。午前與何香凝談話。午後三時偕羅光陸看電影，福祿壽吃點心。十時就寢。

5 月 23 日　星期三

六時起身。九時往天文台路，偕惟仁往武定路。午後五時偕往遊靜安寺。十時就寢。

5 月 24 日　星期四

六時半起身。午後晉代表張天樞偕秦允文來謁。晚往蔣家、朱家。十時就寢。

5 月 25 日　星期五

六時起身。七時半凌毅然來談。十時偕惟仁往武定路，再往鹽業銀行。午後謝少康偕謝恆文來談。五時送惟仁往天文台路，至新新買物。十時就寢。

5 月 26 日　星期六

五時起身。乘七時車回蘇州，九時十分到閶門站，十時到家。午後偕湘君往曾家，再曾往新園。晚伍先生來。九時就寢。

5 月 27 日　星期日

六時起身。乘上午十時五十分車往南京，午後四時半到下關，住花園飯店。偕叔仁大觀園沐浴，新奇園晚飯。乘九時半夜車回蘇，本擬明日赴徐州，得介兄是日赴鄭州督師，故作罷。

5月28日　星期一

四時起身。四時五十分車到蘇州，五時四十分到家。午後影毫、叔怡來談。九時就寢。

5月29日　星期二

四時半起身。六時廿分到車站趁七時十分到滬，十一時半偕羅偕子至惠中晤孫叔仁。十二時大中午飯。午後六時叔仁請陶樂春晚飯。八、九至惠中談心。九時半回，就寢。午後張正期、周枕琴來。

5月30日　星期三

五時起身。八時往見靜江，十時往蔣家。午後五時偕羅大中吃點心。九時就寢。

5月31日　星期四

是日惟仁回蘇。

六時起身。十一時孫叔兄來談。午後三時偕羅先生光陸看影戲。五時大中吃點心，六時至天文台路，八時謝少康、余立奎來。十一時就寢。十二時起譯電，蚊蟲甚多，太苦。

6月1日　星期五

六時起身。十二時請孫、丁、蔣、周四君午飯。午後三偕佶子出外散步。午前惟仁回蘇州。午後小三爺由南京回上海。九時半就寢。

6月2日　星期六

七時起身。午前未出門。午後光陸看電影，大中吃點心。訪叔仁兄。九時沐浴，就寢。

6月3日　星期日

六時半起身。午前回拜張天樞。理髮。蔣家吃午飯。午後偕佶子、偉國奧迪安看影戲，渭林登吃西菜。晚孫叔仁來談。十一時就寢。

6月4日　星期一

六時起身。趁八時五十分車往南京，車中遇張岳軍、趙厚生，四時到下關，五時到西花廳晤薛篤弼、馬福祥、劉子雲，六時晤介兄。七時返總司令後樓，即住該處。陳立夫、朱一民來談。十一時就寢。

6月5日　星期二

六時起身。上午往謁張靜江、劉子雲、馬福祥。午後介兄來談。五時偕葉琢堂、陳冷往湯山，是介兄來談話。十一時就寢。是日偉國到蘇。

6月6日　星期三

五時起身。七時介兄來談，並晤見蔣雨岩、葉開鑫、劉問之。十時偕葉琢堂、陳冷進城。十二時卅分車，七時到蘇，葉、陳往滬。十時就寢。

6月7日　星期四

五時起身。乘上午七時車，十時到上海，新新公司購物。午後往吳稚暉先生處，偕羅先生遊外灘園。五時葉琢堂來談，乘夜車往南京，稚暉先生同行。

6月8日　星期五

五時起身。八時車到下關，偕稚暉往靜江處，適立夫來。十一時到總司令部，即住該處。午後劉子雲、馬福祥來談。又何敬之來談，晚張岳軍、萬湛侯來談。十一時就寢。

6月9日　星期六

六時起身。九時何敬之來。十一時半到下關接王季文，王係由漢口來的。十二時約王及高穰、張春、叔怡在萬國春午飯。午後偕王到張靜江處。晚張亞威、孫孟戟來談。又是日徐友三、余立奎等來見。十一時就寢。

6月10日　星期日

六時起身。八時往四太爺家，往季文，九時晤介兄。十二時亞威午飯，有叔怡在坐。午後偕季文往果夫處、靜江處，往亞威、孟戟處，遊第一公園。晚往看葉競秋。十一時就寢。

6 月 11 日　星期一

六時起身。果夫來。八時往季文處，同遊莫愁湖。陳公館午飯。午後晤敬之。亞威來，並留晚飯。十時就寢。

6 月 12 日　星期二

是日介兄赴鎮江。

七時起身。午前九時晤介兄。季堂、亞威來談。午後偕果夫訪孫孟戟，又馬雲停、劉子雲來談。李振秋來談。晚偕季文訪靜江、稚暉，組安在坐。十時就寢。

6 月 13 日　星期三

七時起身。冷禦秋、趙厚生、孫孟戟、張亞威、謝少康及甯君先後來談。十二時劉子雲在青年會請午飯。午後五時偕季文往湯山沐浴，是夜宿該處，暢談時事，甚快。十時就寢。又午後李叔明來見。

6 月 14 日　星期四

六時起身，沐浴。九時回城。謝少康及甯君來。十二時請馬福祥、劉子雲、孫孟戟、冷禦秋等約十八人。午後四時劉子雲來，五時佶子由蘇州來。晚孫孟戟請吃飯。十時歸，就寢。

6月15日　星期五

五時卅分起身。八時王季文來。八時廿分往謁陳果夫談登記事。偕佶子、叔怡乘九時車回蘇州，下午二時半到閶門車站，三時半到家。九時就寢。

6月16日　星期六

七時半起身，因傷風故起身較遲。午後往新園，往羅家，往伍家。偕羅、伍、張三先生樂意吃點心。九時就寢。

6月17日　星期日

七時起身。九時顏芝卿、楊譜笙、羅佶子來談。午後伯谷、佶子來，偕佶子到曾家，八時回。九時就寢。

6月18日　星期一

七時起身。九時偕顏芝卿往楊譜笙處，同去新造橋看楊誠之住宅。午後曾影毫來，同去羅家。十時就寢。又上午十二時陸福廷、張練之來。

6月19日　星期二

天乾日久，今日稍得微雨。

五時起身。十時往新園。午後未出門。希昭十二時到蘇。王季文昨由甯來電，約定今晨到蘇，因伊夫人有病，故未果。九時就寢。

6 月 20 日　星期三

七時起身。午後佶子來，叔仁轉介兄邀赴北京，乘午後六時五十分車，九時十分到滬。往朱子謙、王季文家，往拉都路看叔仁病（因火酒燒傷）。是晚宿天文台路蔣家，十二時就寢。

6 月 21 日　星期四

六時半起身。七時半往拉都路。乘九時車回蘇州，十一時到蘇。午後羅佶子、張叔怡、曾影毫來。九時羅、曾送我車站，在惟盈旅館休息，偕叔怡乘十二時夜赴甯，約季文在車中見面，同赴南京。十二半就寢。連日因傷風，精神欠佳。

6 月 22 日　星期五

六時起身。七時車到下關，與季文、叔怡同到第四集團軍辦公處，即住該處。是日端節，王主任請晚飯，因重信義，得介石兄電，雖過端節，亦須前來。適介兄昨夜赴滬，明後日可面。十時半就寢。

6 月 23 日　星期六

六時起身。介兄返甯。九時半見介兄，決定先往漢口。十二時邵力子請午飯。午後二時半偕季文謁介兄。六時出城，住東南飯店，季文、叔怡同行。十一時就寢。

6月24日　星期日

五時起身。本定乘安慶船赴漢，因旅行誤事過時，致該船開去，搬住大新旅社，十二時萬國春午飯。午後三時進城晤介石，有劉經扶、虞洽卿、于右任、丁維芬、陳果夫、立夫。四時回。六時請醫生看病。八時就寢。

6月25日　星期一

五時起身。五時半上怡和公司公和船往漢口，七時半開船，午後三時過蕪湖，五時過荻港。九時沐浴，就寢。夜三時半過安慶。

6月26日　星期二

六時起身。七時過東流，九時過華陽，十時四十分過小孤，四時到九江，五時開船，八時過武穴。十時就寢。

6月27日　星期三

六時起身，沐浴。十一時半到漢口。德鄰派翁敬堂到碼頭接，光甫亦來。午後一時往謁李德鄰。六時德鄰來談，又漢口交涉員甘介侯來，張壯生請吃晚飯，季文、煥章在坐。九時李德鄰偕胡宗鐸來談，十一時去。十二時寢。

6月28日　星期四

六時半起身。九時往德鄰處。十時回拜胡宗鐸、張壯生、陳光甫。午後四時偕德鄰、夏威、胡宗鐸、鄒振鵬、王季文等乘船赴漢口下流四十里歡迎介兄，又往光甫處晚飯。

6月29日　星期五

五時起身。七時偕季文、光甫往介兄處，又偕光甫往靜江處、德鄰處，光甫請在美國海軍青年會早飯。晚九時登車，十二時開車往北京，同行王季文、張叔怡、李德鄰。

6月30日　星期六

卅早到廣水，下午落雨甚大，晚至偃城。

7月1日　星期日

夜上午三時到鄭州，午十二時開車。

7月2日　星期一

午後過石家莊。

7月3日　星期二

六時到北京偕李總理。三時回北京到白健生處，並晚飯。八時到中央公園，九時回，十時就寢。

7月4日　星期三

七時半起身。一時往德鄰處，有白建生、張岳軍在坐。午後往謁李品仙、葉琪、陳雪仙、方叔平。方約中央公園晚飯。十時回，十一時就寢。

7月5日　星期四

七時起身，沐浴。午後偕王季文、李德鄰、甘介侯往西山遊八大處。七時往碧雲寺晤介兄，並晚飯，有白建生、季文、德鄰在坐。十一時回甘露旅館住宿。

7月6日　星期五

五時半起身。本日八時祭先總理。方叔平請在甘露旅館午飯。午後偕德鄰、季文、田梓琴、方叔平遊頤和園、玉泉山。六時往幼養園謁田大嫂。八時介兄約談話，九時晤馮煥章。十一時回甘露旅館，與陳冷談話。一時寢。

7月7日　星期六

六時起身。九時回北京。十時至德兄處，十時半回東方飯店。十二時溫佩珊來，並留午飯。午後德鄰、季文、甘介侯遊天壇、先農壇、北海。七時偕季文中央公園晚飯，十一時回東方。一時就寢。

7月8日　星期日

八時半起身，未免太遲。十二時偕季文、翹生、探春忠信堂飯店午飯。午後往朱益之、陳雪軒。四時遊城南公園，六時往德鄰處，並午飯。九時偕德鄰、季文遊中央公園，十一時回，一時探春來談。

7月9日　星期一

七時起身。十二時新豐樓午飯。午後往德鄰處，七時建生來德處作長時間談話。十時回東方，十一時探春來談。十二時就寢。

7月10日　星期二

七時起身。八時偕王季文往香山，九時半到碧雲寺。十一時在雙清別墅參于總部會議，十二時在該處午飯。晚與陳景韓談話，十一時就寢。是晚宿甘露旅館。

7月11日　星期三

六時起身。十時晤介石兄于雙清別墅。本日未出門。因晚九時下山擬赴湯山，因無汽車作罷。是晚湯山開軍事會議。十二時就寢。

7月12日　星期四

六時起身。十時冷禦秋、趙正平來，並留午飯。二時冷、趙回北平。晚介兄約葉琢堂、陳景韓及余在雙清別墅談話。十一時卅分就寢。

7月13日　星期五

六時起身。上午十一時由香山回北平。午後三時偕季文、協和返院看方叔平病，又往德鄰處偕白建生、李德鄰等往車站，歡迎李潤潮、戴季陶。晚冷禦秋、趙正平來，並晚飯。是晚宿東方。

7月14日　星期六

八時起身。十時訪劉子雲。十二時至德鄰處。午後五時往西山飯店晤介兄並奉天代表，即在該處晚餐。九時到香山甘露旅館晤孫蒓齋，十一時即在該處就寢。

7月15日　星期日

六時起身。七時下山，八時半到東方。十時偕季文訪奉代表。午後三時到中央公園應德鄰宴會，五時回東方。

7月16日　星期一

五時半起身。六時半到國務院，七時奉代表來談。午後往謁冷禦秋、蔣雨岩、朱益之、陳雪軒。

7月17日　星期二

六時起身。午前偕季文往西山晤介兄，往香山晤蒓齋，在甘露旅館午飯。午後四時回致德鄰，遇介兄及王伯羣。

7月18日　星期三

六時起身。八時時晤徐源泉。十時晤運開。午後陳雪軒在北海請酒，有李潤潮、戴季陶、李德鄰、白建生、王季文等在坐。十一時就寢。

7月19日　星期四

六時半起身。八時半至徐源泉處，九時偕徐謁季文、德鄰。午後訪周堯階、唐蓂庭、周孟蘭、段運開。七時段約在忠信堂晚飯，有余維之、探春在坐。十時觀劇。二時就寢。

7月20日　星期五

六時起身。七時北京飯店晤介兄。九時偕介兄及季陶往謁王騮卿，十時至德鄰處。晚往中央飯店晤張文伯。十一時就寢。探春十二時來，二時去。

7月21日　星期六

六時起身。七時到北京飯店。十二時段運開來，並留午飯。午後到國務院偕李、白、王、李等赴迎賓館應介兄茶會。七時潤潮、德鄰、建生、季文在忠信堂晚飯。九時北京飯店晤介兄。

7 月 22 日　星期日

五時半起身。六時半偕段運開晤介兄。八時廿五分車偕運開赴天津晤老段。午後三時五十分車回北平。六時晤介兄。九時李徵五請吃晚飯。

7 月 23 日　星期一

八時起身。十時往國務院晤白建生、李潤潮、李德鄰。十二時段運開、余維之、探春來東方，同往新豐樓午飯。午後回拜吳霖生等。段運開請在擷英晚飯。是日叔怡海道回滬。

7 月 24 日　星期二

八時起身。九時北京飯店，十時到國務院遇介石兄，十二時回東方。午後偕季文謁段運開，並遊北海。四時回拜余維之，並張琴相。

7 月 25 日　星期三

八時起身。九時往北京飯店晤介兄，遇馬雲庭、何克之、白建生、戴季陶、王季文。十二時約白、王、戴東興樓午飯。午後至德鄰處，徐源泉請吃晚飯。介兄是夜回南。

7 月 26 日　星期四

八時起身。九時往國務院，十時偕季陶往謁商振。午後三時劉子雲來談，四時偕季文往協和醫院看方叔平，又往拜閻百川。六時李任潮、李德鄰在進恩堂請奉代表，我作陪。

7月27日　星期五

偕白建生、李德鄰、李任潮、王季文遊南海、中海，新豐樓晚飯。是晚宿念六號。

7月28日　星期六

偕李、李、王、甘遊三貝子花園、大成殿、國子監、雍和宮。德鄰請在便宜坊晚飯，十時開車赴漢口。李任潮、李德鄰、戴季陶、王季文同行。閻百川車後行。

7月29日　星期日

京漢道中，十一時就寢。

7月30日　星期一

七時到鄭州。馮煥章請早飯，後同遊開封，本擬回赴漢口，因閻百川生病，改由津浦偕馮煥章赴南京。晚九時開車，煥章、任潮、德鄰、季文、季陶與我談話。十一時就寢。

7月31日　星期二

六時半起身。車到馬牧集。午後二時到徐州，五時半開車。馮煥章車談話，並晚飯。

8月1日　星期三

六時起身。九時到浦鎮，候煥章車到，十時半同到浦口，隨即過江。偕季文至成賢街，住德鄰宅，二時同去沐浴。九時往晤介兄。十二時就寢。

8月2日　星期四

五時半起身，九時偕季文往謁張靜江、李石曾、吳敬恆。十二時半車回蘇州，八時到家。十時就寢。

8月3日　星期五

七時起身。九時偕去病、湘君往新園及羅家、伍家，約伍、羅、曾、顏四君午飯，並晚飯。十時就寢。

8月4日　星期六

六時起身。十一時特快車赴甯，謝炎煊同行。午後三時半到下關，季文來接。夜車偕德鄰、季文赴滬，介兄午車赴滬。

8月5日　星期日

六時起身。七時到北站，偕德、季二兄到馬波路四二號鍾宅。午後二時石介來拉都路談話。三時往鍾宅晤德鄰，四時晤李石曾，六時鍾宅請吃晚飯，有張市長在坐。八時偕德鄰、季文晤介兄于宋宅。介兄夜車回京。

8月6日　星期一

七時起身。八時見謝炎煊代表甯君方叔姪來見，十時半倍子由蘇州來，九時往李石曾。午後偕倍子往季文、德鄰處，並在德處晚飯。八時偕季文、德鄰往石曾處，再往陶宅。十時歸，就寢。

8月7日　星期二

六時起身，沐浴。九時偕倍子往王季文家、上海銀行。高季堂來談，午後陳光甫來，同往李德鄰處。往朱家請趙志芳看病。晚十一時葉開鑫來談。

8月8日　星期三

七時起身。九時陳光甫、王季文來，同赴德鄰處，倍子亦往，並在德處午飯。飯後送德鄰入宏恩醫院，趙志芳來看痢病。

8月9日　星期四

七時起身。午前光甫來談。十二時至德鄰處午飯，午後趙醫生看。四時陳光甫偕東日路來談，季文亦來。光甫請大家威爾康晚飯。

8月10日　星期五

七時起身。十一時偕倍子至海格路陳宅。午後往晤張靜江、李石曾。倍子夜車赴甯。季文拾時來談，十一時去。

8 月 11 日　星期六

七時起身。十時李德鄰、張伯璇、陳光甫、王季文先後來談。十二時卅分請陳、李、張、王大華飯店午飯。六時理髮，八時朱家，並晚飯。十一時聞介兄明晨到滬，由拉都路西屋移東屋。

8 月 12 日　星期日

六時起身。介兄七時由甯回。佶子亦回。午後二時介兄來拉都路談話。三時偕李德鄰往西摩路宋宅晤介兄。

8 月 13 日　星期一

六時起身。午後偕佶子往德鄰處，同遊熙豐花園。德鄰處晚飯。是夜痢疾復發。

8 月 14 日　星期二

六時起身。十時往趙志芳醫生處看病。午後陳光甫、張岳軍先後來談。惟仁由蘇州到滬。

8 月 15 日　星期三

七時起身。拾時往晤張靜江、李石曾。十二時至德鄰處午飯，趙志芳處看病，適外出。晚偕季文一品香訪劉子雲。十二時就寢。

8 月 16 日　星期四

七時起身。十一時溫世珍、劉子雲先後來談。午後李石曾來。

8月17日　星期五

七時起身。本日未外出。午後張岳軍來談，晚王季文來談。十二時就寢。

8月18日　星期六

七時起身。往大西路宏恩醫院看介石病（患牙）、德鄰病（患眼）。午後三時偕佶子、季文威爾康吃茶，遊黃浦灘公園，往謁陳偉臣。十時就寢。

8月19日　星期日

五時半起身。六時至宏恩醫院看介兄。十一時陳光甫、王季文來談，同往大華飯店午飯。五時至融圃晤李德鄰。十時就寢。上午拾時晤張靜江。

8月20日　星期一

五時半起身。七時赴宏恩醫院晤介兄，十時季文來談，並留午飯。七時往融圃晤德鄰、季文，因近日各方謠言蜂起，故請季文今晚乘吉和船赴漢，安定該方將士。

8月21日　星期二

六時起身。八時半偕惟仁遊肇豐花園，十時先施公司購物，十一時至蔣家，並午飯。午後二時，趙志芳處看病。

8月22日　星期三

七時起身。惟仁乘八時五十分車回蘇。午後二時半偕佶子到德鄰處，約其及夫人大陸戲院看電影。五時偕佶子民智書局購書、大中酒店吃點心。十時就寢。

8月23日　星期四

六時起身。六時半到宏恩醫院晤介兄，乘九時五十分車回蘇，十一時到家。午後偕影毫到新園、伍家、羅家，留曾、伍、顏晚飯。九時半寢。

8月24日　星期五

六時起身。八時往新園，十時叔怡、影毫、芝卿來，並留午飯。午後一時半影毫送我上車，四時到車中遇朱升甫，四時到滬。五時陳光甫來，偕遊虹口公園，佶子同行，並請在卡爾登晚飯，並看影戲。十二時回。

8月25日　星期六

七時起身。九時張岳軍、陳雪軒來談。十時往李德鄰處。十一時到東亞旅館約陳雪軒、朱陞甫、楊春普、趙云生，並佶子美麗午飯。午後回拜馬福祥、陳雪軒。五時馬福祥、李石曾先後來談。九時就寢。

8月26日　星期日

六時起身。七時宏恩醫院晤介兄。九時半德鄰來談。午後三時偕羅先生夏令培克看電影。晚德鄰來談，十一時去。十二時就寢。是日午夜大雨。

8月27日　星期一

七時起身。八時往宏恩醫院，適介兄昨夜出院。十時張矯臣、衛立煌先後來談。午後三時立煌、叔仁、德卿大陸看電影。五時立煌請在小有天吃飯。八時陳炳謙請晚飯，有法領事錢茂容、張伯璇、李德鄰等。

8月28日　星期二

七時起身。九時往拜劉之龍、張矯臣、劉雲怡。正午在美麗請劉之龍、張矯臣、孫養癯、衛立煌、羅佶子等。午後天文台路。五時偕李德鄰謁張靜江、李石曾，在張家晚飯，八時半回。十時謝文炳來談。十二時就寢。

8月29日　星期三

七時起身。亞威來談，偕往大東旅館、滄洲旅館晤孫孟戟等。九時晤介兄，十時晤德鄰，十一時楊大實來會。午後二時回拜葉競秋，覓門牌不著。晚謝炎煊請在功德林晚飯，有蔣素心、李師廣等在坐。十時回，就寢。

8月30日　星期四

六時半起身。九時往謁張靜江、李石曾。十，張亞威、孫孟戟、陳光甫來談。午後偕佶子赴宏恩醫院看李德鄰。五時遊地豐公園。七時往朱子謙家，並晚飯。夜十時謝炎煊來談。十二時就。

8月31日　星期五

六時半起身。黃秉衡、張岳軍、劉養如、李師廣、謝敬虛來談。十時半介兄來拉都路會客。午後偕師廣回拜葉競秋、謝炎煊，並遊黃浦公園。五時赴張靜江處遇吳敬恆、王寵惠、李德鄰。赴德鄰處晚飯，陳光甫在坐。

9月1日　星期六

六時起身。八時謝炎煊來，同往張岳軍處，遇范毓靈。十一時至上海銀行，同陳光甫去看牙。午後往李德鄰處，在朱子謙家晚飯。十一時就寢。午後二時張亞威來談。

9月2日　星期日

六時半起身。午偕羅先生往小有天午飯，張亞威在坐。午後看陳雪老。晚在吳承齋家吃晚飯，飯後與戴季陶談話。十二時就寢。

9月3日　星期一

七時半起身。往李德鄰處。十一時半介石來拉都路。午後往張靜江先生公館，有李德鄰、李任潮、胡展堂、陳銘樞、李石曾、吳稚暉、戴季陶在坐，並在張宅晚飯。九時半回，沐浴，就寢。

9月4日　星期二

七時起身。八時訪錢大鈞，九時往德鄰處，同訪楊樹莊。十一時馬福祥、劉之龍來談，介兄偕陳真如、錢大鈞亦來。午後四時偕陳光甫仁記路看牙。五時剪頭。六時往李德鄰處，適李任潮在坐，暢談時局，頗有結果。德兄留晚飯。

9月5日　星期三

五時半起身。七時到朱家，送偉國行，伊搬家蘇州，藉此入東吳學校讀書。九時半，惠中回拜馬福祥、劉子云，遇李明鍾。十時往晤介石。十一時往李德鄰、李任潮。午後六時李石曾來談，晚謝炎煊來談。十一時就寢。

9月6日　星期四

七時起身。九時偕佶子往李德鄰處。午後回拜陳丕顯、楊大實。四時偕陳光甫遊兆豐公園。十時就寢。近日因開五中全會，謠言紛起，幾乎用兵，所幸武裝同志不為所動，始得平定。然而吾人奔走調處，頗費精神，但社會得一時苟安，余心亦稍安。

9月7日　星期五

六時半起身。九時往李德鄰，十一時至。偕佶子，約伍伯谷先生功德林午飯。又午後二時晉代表張天樞來談。午後二時半德鄰來談。三時介兄約談，戴季陶在坐。偕戴到朱家及遊兆豐公園，同往許家，並晚飯。十一時就寢。是日介兄回奉化。

9月8日　星期六

六時起身。八時往新惠中晤劉之龍，九時晤李德鄰，十時晤李思廣。偕佶子乘十二時四十分車回蘇州，四時到家。老太太晚九時由合肥到蘇州。九時半就寢。

9月9日　星期日

六時半起身。九時往蔣家，往新園，往羅家，在羅家午飯。午後偕佶子、影毫到凌毅然家，到張叔怡家，到影毫家。七時回。羅、曾、顏，又王盡臣在我家晚飯。

9月10日　星期一

五時半起身。午前往新園、往蔣家。午後偕影毫往羅家。十時就寢。

9月11日　星期二

五時半起身。偕羅佶子、曾影毫乘七時車，十一時到滬。惠賓樓午飯。午後五時偕影毫、佶子遊兆豐公園。七時李德鄰來談，並留晚飯。

9月12日　星期三

七時起身。洪履之來談。九時往張靜江處，李石曾在坐。午後偕佶子新新公購物，夏令培克看電影。陳炳謙請吃晚飯，有李任潮等在坐。十時謝炎煊偕其兩位夫人來，十一時去。

9月13日　星期四

七時起身。九時往謁馬福祥。十一時到德鄰處。十二時到李任潮處，遊新康花園，錢大鈞、陳真如、呂超、德鄰、任潮同去，二時同到俄國飯店午飯。三時往謁方本仁。

9月14日　星期五

六時半起身。十時楊虎來見。十二時李石曾請在大華飯店午飯，有法領事、胡展堂等在坐。飯後李約魏道明、李潤章、沈尹默及余等研究北平文化經濟事宜。三時偕楊虎往訪黃金榮、張嘯林、杜月笙。晚謝炎煊來談。昨今兩日大風，介石本擬今晨由甯波到滬，為風所阻，故改期。

9月15日　星期六

六時半起身。九時回拜謝敬虛。中華書局購書。十時偕影毫訪李德鄰。十二時約影毫、偕子、德卿美麗午飯。二時訪陳景韓。連日大風大雨，馬路上水。

9月16日　星期日

七時起身。介兄昨夜三時由甯波到滬，約八時談話。十時訪李德鄰、李任潮、陳真如談時局。午後訪李石曾、趙鐵橋。三時晤介兄，遇黃膺白等。十一時半就寢。

9月17日　星期一

六時半起身。八時送影毫上車回蘇。九時往訪陳光甫。十時會劉問之、姚味莘、虞洽卿。十二時介兄來談，時間甚長。三時偕佶子北四川路中國劇院看電影。十時就寢。

9月18日　星期二

六時起身。八時五十分送介石上車回甯。展堂、季陶、稚暉、孑民、任潮、德鄰在靜江家談話，並午飯。十一時夜車偕展堂、季陶、孑民、任潮、德鄰、真如赴甯。一月謠言至此安定。

9月19日　星期三

六時起身。七時到南京住成賢街五十六號李德鄰公館。九時偕德兄到西花廳，遇何敬之等。午後一時偕德鄰、任潮等湯山沐浴。六時、七時介兄請晚飯，有胡展堂、譚組菴、何敬之、李任潮、李德鄰、王亮疇、陳真如、戴季陶、蔡孑民、李石曾等在坐。飯後會議改組政府事。十時半回，就寢。

9月20日　星期四

六時半起身。十一時吳學圃來見。午後四時往謁李石曾。五時晤介兄。九時就寢。

9月21日　星期五

五時半起身。八時往謝炎煊處。午後偕德鄰往西花廳晤戴季陶，再往湯山。是夜宿該處。現在全國軍隊約二百五十萬，均無的餉，雖軍隊多而不能剿匪，良可慨嘆。人民痛苦不堪言狀。

9月22日　星期六

六時起身。八時偕李任潮、李德鄰等遊山。午四時由湯山回城，至西花廳晤戴季陶。七時回成賢街李宅。晚謝炎煊來談話。十時就寢。連日計畫改組政府，成立五院，惟人才難得，意見太多，誠夜長夢多也。

9 月 23 日　星期日

六時起身。八時赴總司令部。九時半偕李德鄰、李任潮、何敬之遊燕子磯、三台洞。介石、展堂、哲生、子超、真如亦約遊該處，並在燕子磯聚餐。三時半回城。晚偕德鄰往石曾處談話。十一時就寢。

9 月 24 日　星期一

六時起身。張子平、段運凱、易蓋臣來會。偕德鄰兄遊後湖，王伯齡留午飯。午後回拜段運凱，偕由大鐘亭、北極閣、雞鳴寺、中山公園，第一春吃飯。介兄請吃晚飯，有邢士廉、楊毓珣、胡展堂等在坐。飯後，談改組政府事。十一時回，就寢。

9 月 25 日　星期二

六時起身。七時半偕李德鄰往靜江，適介石亦在坐。九時半偕段運開、李德鄰謁明孝陵、中山陵，遊小茅山，午後一時回午飯。飯後偕運開到易家橋張公館。四時偕運開謁介石、陳雪軒，在陳家晚飯。羅佶子今午到甯。住雪軒家，十時就寢。

9 月 26 日　星期三

六時起身。九時往訪劉定五、馬雲亭。十二時至陳雪軒，並午飯，六時晤介兄。晚偕子、亞威來談，又蘇歧六來談。十一時就寢。

9月27日　星期四

六時起身。七時半張子平、衛立煌來見。八時偕德鄰往靜江、石曾處。九時特別快車回蘇州。午後二時半到蘇，適惟仁乘此班車赴滬，到觀前購物，樂群社沐浴。五時影亳來談，並留晚飯。九時就寢。

9月28日　星期五

六時起身。午前往新園。午後偕影亳、王藎臣往凌毅然家拜節。晚偕顏芝卿往羅家、蔣家。九時就寢。

9月29日　星期六

六時起身。八時偕湘君往曾家，偕影亳往新園二次。九時就寢。

9月30日　星期日

五時半起身。乘七時車赴滬。十時半到滬。朱家吃飯，購皮箱。五時赴陳光甫處，並在陳處晚飯。十時就寢。

10月1日　星期一

六時起身。八時偕子由甯到滬，午後伊赴杭州。三時往武定路、往朱家、往許家。乘十一時夜車赴甯。

10月2日　星期二

中央政治委員會委員。

五時起身。七時到甯，仍住李德鄰公館。十時晤介兄。午後偕德鄰遊公園。六時陳眾孚、段運開來談。晚偕德鄰訪張、吳、李、蔡先生。是日奉到中央執行委員會加推為中央政治會議委員。十一時寢。

10月3日　星期三

六時半起身。九時訪劉子雲。午後姚時五、蘇宗轍、張克堯。六時回拜克堯。七時馬福祥、劉子雲請吃晚飯。九時訪段運開。十一時就寢。今日中政會審國民政府及五院組織法通過。

10月4日　星期四

六時起身。七時訪胡展堂。十時劉子雲、謝文炳、宋子文來談。午後一時亞威來。五時訪陳雪軒。六時晤介兄。午前九時回拜蘇宗轍。

10月5日　星期五

六時起身。七時晤介兄。午後偕德鄰夫婦湯山沐浴。六時回，至陳雪軒家。七時陳眾孚請吃晚飯。九時亞威來談。十時就寢。近日當局會議改組政府，成立五院。

10月6日　星期六

六時起身。九時往訪劉子雲、劉定五、茅春台、刑隅三，均公出未晤。乘十二時半車回蘇州，七時到蘇，車中遇姜炳昭。九時就寢。

10月7日　星期日

七時起身。到新園，在羅家午飯，飯後到曾家。九時就寢。

10月8日　星期一

七時起身。九時偕子來。十時起程。十一時車往南京，車中遇邵力子。四時回甯，仍住德鄰公館。晚偕德鄰赴西花廳晤季陶。十一時就寢。今日政會發表國府主席及五院長，因張學良未換旗，列入國府委員，頗多議論。

10月9日　星期二

六時半起身。九時偕德鄰訪劉子雲。午後一時偕德鄰到湯山沐浴，並晤見石曾、靜江等，六時回。十時就寢。

10月10日　星期三

六時起身。今日雙十節。八時到中央黨部參觀介石就國府主席及胡展堂、譚組菴、戴季陶、王寵惠等就五院長及國府委員。十時飛機廠閱兵。十二時陳雪軒家午飯。飯後回寓休息。晚蘇企六來談，又德兄談話。十一時半就寢。今日天清和，社會慶祝頗有精神，大局兩月糾紛，至此稍定。

10月11日　星期四

六時起身。七時晤介兄，並早餐。午後西花廳晤季陶、任潮，偕德鄰、任潮訪馬福祥、何敬之。五時往湯山，是夜宿該處。晚與靜江談心，十時就寢。

10月12日　星期五

五時半起身。六時進城。七時晤介兄。八時出席中央政治會議（係初次）。十二時回，午飯，飯後訪陳雪軒。五時佶子由蘇來。介兄請晚飯。九時冷禦秋、蘇企六來談。十二時就寢。

10月13日　星期六

六時起身。八時晤胡展堂先生。十一時半晤介兄。十二時何敬之請吃飯，有胡展堂、古香琴、李德鄰、李任潮、馮煥章、陳真如等在坐。季堂由蕪湖來。八時往劉子雲、馬福祥、馮煥章。十時半下關，上威勝軍艦。十一時半開船赴漢口，李德鄰、羅佶子同行。十二時就寢。

10月14日　星期日

六時起身。十二時過大通，午後五時過安慶。

十一時就寢。

10月15日　星期一

六時起身。九時過黃石港，與季雨農談滁州圩田事。午後五時到漢口，住法界德明飯店。晚麥煥章、翁敬棠來談。十二時就寢。

10月16日　星期二

七時起身。九時訪德兄、胡宗鐸、陶鈞、麥煥章、翁敬棠等。午飯後遊黃鶴樓，佶子、德卿、雨農同行。晚翁敬棠請吃飯。十時就寢。

10月17日　星期三

七時起身。九時照相。十時訪甘交涉員介侯、張主席懷九。十二時張靖伯請午飯。三時德鄰來談。四時偕佶子、德卿遊新世場。德鄰請晚飯。

10月18日　星期四

十一時開車北上。

10月19日　星期五

京漢道中。

10月20日　星期六

京漢道中。

10月21日　星期日

晚九時到北平，住中央飯店。

10月22日　星期一

今日拜訪北平軍政當局。方叔平、楊耿光請吃晚飯。

10月23日　星期二

六時半起身。乘八時專車往天津。陳真如、陳雪軒、方叔平、王季文、羅倍子同行。白健生親到車站迎接，住國民飯店。

10月24日　星期三

本日分謁段芝泉、王揖堂、孫伯蘭、齊撫萬諸君。段請吃午飯，白請吃晚飯。介兄來電，命擔任縮編軍隊主任。

10月25日　星期四

崔市長請吃早飯。午後四時由津開車，九時到北平，仍住中央飯店。白健生來談話。

10月26日　星期五

七時起身。午前晤閻百川，約冷禦秋等寶華樓午飯。午後白健生等來談。三時與何雪竹談話。九時就寢。

10月27日　星期六

七時起身。回拜李保章、馬保珩、徐源泉、方叔平，在方家午飯。一時應閻百川晏，因病，到後即去。四時方叔平處商改編軍隊事。六時偕羅偕子、王季文、林德卿五芳齋晚飯。

10月28日　星期日

六時半起身。八時到北京飯店看德鄰夫人。十一時白健生來談。季文等忠信堂午飯。飯後訪陳雪軒，遊北海公園。又午前鄭賓清來談。

10月29日　星期一

六時半起身。七時到中央公園。十時白健生、陳雪軒先後來談。十二時在北海仿膳齋請德鄰夫人午飯。四時到陸軍大學訪黃校長。回拜范紹陔。

10月30日　星期二

六時半起身。十時中央飯店搬至鐵獅胡同。午後二時往外交大樓參觀范紹陔接姻典禮。晚在范家觀劇。

10月31日　星期三

七時起身。徐源泉、趙以寬、趙云龍、閻百川先後來拜。十二時葉琪請在中信堂午飯，飯後偕德卿遊北海公園。徐源泉、方叔平請吃晚飯。米春霖來會。十二時就寢。

11 月 1 日　星期四

八時起身。九時偕季文回拜趙以寬、趙厚生。十二時在北海請陳真如、白健生、楊耿光三夫婦午飯。六時陳真如及李夫人回漢口，偕季文等前往送行。八時方叔平、鄭傑卿來談。

11 月 2 日　星期五

七時起身。午前會商啟予、周夢南、高桂滋、陳雪軒。十二時雪軒請在沙渦居午飯。二時往方叔平處，三時陳雪軒處。晚白健生請奉天代表米春霖、楊琪山，我作陪客。偕佶子西昇平沐浴。連日接洽二、四、五、六軍團縮編軍隊事宜。

11 月 3 日　星期六

七時起身。午前會王鴻一、周夢南、曹相衡、冷禦秋。午後約陳雪軒、方叔平等會議縮編軍隊事。雪軒請在厚德福晚飯。

11 月 4 日　星期日

七時起身。午前會彭秉離、陶繼侃及新文記者。午後回拜客。偕方叔平至陳雪軒處。晚段運開約西車站吃飯。往晤劉子云。又午前何克之來，尚武來報告鹽務事。

11 月 5 日　星期一

七時起身。午前拜客。午後二時乘陳雪軒專車赴天津查鹽務案。五時半到津，住寓中飯店。晚王揖堂、劉畏齋、胡振之來談。十二時就寢。

11月6日　星期二

八時半起身，沐浴。十時拜會馮運使、傅警備司令、崔市長。王家午飯。午後遊日本公園。

11月7日　星期三

七時起身。本日辦理鹽務案件。午前晤段芝泉。

11月8日　星期四

六時起身。八時在裕中飯店遇劉紀文夫婦。乘九時車回北平。午後一時到平。三時潘宜之來，同去觀象台參觀。四時往晤白健生。六時潘宜之回往西車站送行。七時往晤方叔平。十一時就寢。

11月9日　星期五

七時起身。到中央公園。回拜商啟予、何克之、馬雲亭。午後六時段運開請吃晚飯。張溥泉就北平政分會主席。

11月10日　星期六

七時起身。午前拜同鄉。十二時在行營開縮軍會議。午後白健生、劉子云、馬云亭來談。

11月11日 星期日

成立縮編委員會。偕白健生中山公園賞菊。鄭俊彥請吃晚飯。

11月12日 星期一

七時起身。九時半陳雪軒處，同往方叔平處，同往香山祭總理（誕日）。忠信堂午飯。劉子雲請吃晚飯。

11月13日 星期二

午前拜客。午後六時至健生處，並晚飯。十二時回，計六小時之久，談話均關黨國，可為記念。

11月14日 星期三

七時半起身。午前會客，午後會議縮編軍隊。七時陳雪軒約在春華樓晚飯。八時段運開、冷禦秋來談話。十一時半就寢。

11月15日 星期四

七時半起身。九時到中央公園會冷禦秋。午後白健生來談，王澤民請吃晚飯。

11月16日 星期五

七時起身。九時見申鍾嶽、尚武。十時接見鄭俊彥部下李寶章、國華宗、梁鴻恩、馬寶衍等。十二時陳雪煊請午飯。六時吳炳湘、張廣建、龔雨倉來談。楊耿光在厚德福請吃晚飯。飯後至白健生家、方叔平家、何克之家。

11 月 17 日　星期六

七時起身。九時偕陳雪軒回拜鄭傑卿部下軍長、師長等。正午請該軍長等午飯，白健生、陳雪軒、方叔平等作陪。三時偕王季文拜謁閻百川，談一時半。六時何克之請吃晚飯，飯後沐浴。十時至劉子雲家。十二時回，就寢。

11 月 18 日　星期日

七時半起身。偕佶子、季文遊公園。十時至陳雪軒家，並午飯。午後馬雲亭、龔治初等同談。晚段運開來談。

11 月 19 日　星期一

七時半起身。九時到公園，十一時至陳雪仙家，何千里請吃午飯。午後二時在行營開全體改編委員會。四時偕雪仙、佶子、季文到九爺府。白健生會議籌編問題。明日雪仙老太太八十歲，本晚到伊家上壽。

11 月 20 日　星期二

七時半起身。九時到公園。十一時雪軒家拜壽，並吃麵。午後一時仍開會。四時到方叔平家，同往陳家吃酒。晚赴段運開家。是日粵飛機到北平。

11月21日　星期三

七時半起身。九時會許伯明、胡振之、奚倫等。午時行營請粵飛機師。一時開縮軍會議。劉子云請西車站晚飯，又何克之請晚飯。偕方叔平沐浴，開明觀戲。王季文夜十二時專車赴漢口。

11月22日　星期四

八時起身。九時會俞子厚、田六舟。午後一時訪吳仲吉、許伯明。偕何千里、羅佁子、林德卿厚德福晚飯。

11月23日　星期五

七時半起身。九時到公園，十時訪范紹陔。偕朱升甫春華樓午飯。午後訪馮基道、李明鍾。六時周秀文等請晚飯，飯後劉子云家談話。十一時回。

11月24日　星期六

七時半起身。九時會甯孟言，後到公園，十時訪何千里。午後至方叔平家，同往王澤民家賀得子滿月，又同陳雪軒處（是日由宣化回），訪李品仙、廖磊。六時韋世棟請吃晚飯。飯後再偕叔平至雪軒處。十一時回，就寢。

11月25日　星期日

七時起身。九時會彭秉離。十時偕白健生、何克之、方叔平等南苑參觀從廣東飛來之廣州號飛機，並與何千里坐該機空中飛行，又偕白、何等遊覽團河。東興樓午飯，飯後觀劇。晚至叔平家，同去沐浴。

11 月 26 日　星期一

七時起身。九時會王文伯。十時冷禦秋來。午後赴陳雪軒處。四時偕德卿遊天壇、先農壇。

11 月 27 日　星期二

七時半起身。十時到公園。約冷禦秋、伍壽卿、徐子勉到春華樓午後，午後方叔平來談。四時往劉子雲處。七時朱蘭蓀請吃晚飯。十一時回，十二時就寢。

11 月 28 日　星期三

七時半起身。九時偕方叔平、阮紹文等赴湯山為陳雪軒祝壽，午後六時回城。七時赴健生公館談話。是日得陳立夫來電，各方紛起謠言，又須設法調處也。十二時就寢。

11 月 29 日　星期四

七時起身。九時周夢蘭來談。午後往陳雪軒家。五時與方叔平合請旅平同鄉江宇澄、吳鏡潭等廿餘人。晚至陳雪軒家、劉子雲家。昨今兩日紛電甯漢要人息謠，以維大局而安百姓。

11 月 30 日　星期五

七時起身。九時會王兆甲（號占一）。午後會謝慧生、周堯階。五時陳雪軒、何千里來談，同往厚德福晚飯。

12 月 1 日　星期六

七時起身。午後段運開、白健生來談。六時偕陳雪軒、方叔平、劉雪雅等。今日李石曾等因接收北平大學，學生反對，致起風潮，警察干涉亦無效。

12 月 2 日　星期日

七時起身。十一時至何克之家，適張溥泉、白健生、李石曾等在坐。十二時劉濟請午飯。午後六時往湯茂如家。七時半李石曾請晚飯，有張溥泉、白健生、何克之等在坐。九時至陳雪軒家。十二時半就寢。

12 月 3 日　星期一

七時起身。午後陳雪軒、劉雪雅、方叔平等來談，偕陳、方、劉等西昇平沐浴，春華樓晚飯。飯後赴孔繁錦之應酬。赴陳半頂家。十一時回，就寢。

12 月 4 日　星期二

七時起身。九時往謁張、楊、謝諸君。十二時劉鎮華請吃午飯。飯後往劉子云家。晚往段運凱家。十一時就寢。上午十一時白健生來談。晚九閻百川來談，十時百川南下。

12 月 5 日　星期三

七時起身。九時胡抱一來會。偕何千里祝廖磊老太爺七十一歲雙壽。回拜白搏九。午前白健生處遇石曾。十二時與白健生、陳雪軒等在東興樓請石敬亭等，午後至方叔平家，段運開晚飯。晤張蔭吾、楚溪春。又訪段谷香、劉子云。

12月6日　星期四

七時起身。九時回拜江朝宗等。午後至方叔平處，晚偕朱升甫等清華池沐浴。陳雪仙約在厚德福晚飯。

12月7日　星期五

七時起身。十時會王貴德、秦墨哂，午後會王宏一。四時偕冷禦秋至慶王府，談方叔平就北平政分會委員事。六時廖磊請酒，八時至陳雪軒家。

12月8日　星期六

七時起身。午前拜客，午後偕冷禦秋、羅佶子遊北海公園。春華樓晚飯，陳雪軒家談話。又午後一時李石曾來談。

12月9日　星期日

七時起身。午前往晤白健生，午後方叔平來談。六時在周宅請王鴻一，七時與白健生在白宅公請奉代表邢士廉、王樹翰，以王文伯、何千里作陪。

12月10日　星期一

七時半起身。午前偕冷禦秋遊公園，厚德福午飯。午後赴陳雪暄處，方叔平來談。唐冥庭請吃晚飯。十時劉子云來談，十二時半去。

12月11日　星期二

七時半起身。午前會段運開、楊光衡、張坤伯。午後陳雪軒、楊耿光、范紹陔、冷禦秋等來談，同往厚德福晚飯。飯後偕禦秋，方叔平家談話。王季文由漢口來電，明日到北平。

12月12日　星期三

七時半起身。午前拜客。午後三時到西車站歡迎王季文、胡宗鐸、何健由漢口來北平。晚白健生請王、胡、何等晚餐，余作陪，飯後觀劇。二時就寢。

12月13日　星期四

八時半起身。午前會客。午後赴白健生處談話。六時在行營請胡宗鐸、何健晚餐，白健生等作陪。八時應何克之之晏。十時偕何等華樂觀劇。

12月14日　星期五

八時起身。午後方、陳、徐各總指揮會議。正午十二時韋雲松、何千里等請吃午飯。李品仙請吃晚飯。偕何克之開明觀劇，二時半回，三時就寢。

12月15日　星期六

九時起身。午後六時傅品三請吃晚飯。又劉民宇請吃晚飯。與白健生見面。

12 月 16 日　星期日

八時起身。午前十時往白健生處，李石曾亦在該處。午後四時往晤石曾。范紹陔請吃晚飯。飯後何克之來談，近日時局又起謠言，頗難應付。

12 月 17 日　星期一

午前偕陳雪暄、方叔平、楊耿光等十數人，乘汽車經湯山赴昌平，檢閱徐源泉所部軍隊，並謁明十三陵。四時回湯山用飯。五時偕胡今予、何云樵回城。七時商啟予在東興樓請吃晚飯。

12 月 18 日　星期二

偕陳雪仙東興樓早飯，飯後遊北海。余因辦事過于熱心，招人不滿，且各方謠言極多，人心不定，頗難應付。奈何總以慈悲為主，使大局不致變化，則余心安矣。

12 月 19 日　星期三

因預備回南，極忙。

12 月 20 日　星期四

因明晨回南，向各處拜客辭行。此次因受謠言，決定行止費三日之久，頗苦心。等于十一年離廣東之情形也。

12 月 21 日　星期五

昨晚宿東方飯店。今晨七時開車，陳雪軒、方叔平、徐克誠均到車站送行。因濟南為日人佔據，須由平漢路經隴海轉津浦路，頗感不便。

12 月 22 日　星期六

九時到鄭州，十一時半過開封，晚九時過徐州。

12 月 23 日　星期日

上午九時到浦口。十一時到成賢街五十六號，在介兄寓午飯。一時晤吳稚暉、張靜江，均主大局和平。晚晤介兄，作長時間談話，所有反對在北平之謠言均息。十二時就寢。

12 月 24 日　星期一

七時起身。八時馬福祥來談。十二時至張靜江家、葉楚滄家。二時偕楚滄到市黨部。六時偕介兄往謁閻百川。七時到下關為范紹陔送行往安慶。十時回。十二時就寢。

12 月 25 日　星期二

六時起身。七時半介兄處，並早九時至戴季陶處。十二時赴下關歡迎李德鄰（由漢口來），因船擱淺，須明日到京。午後四時訪馬雲亭、馮煥章。七時仍至下關，住大新旅館。

12月26日 星期三

六時起身。十時陳光甫來談。十二時陳乘轎返滬。午後往下關接德鄰，仍未到，須遲至明日。伊係乘海軍楚有艦，海軍平時如此，若至戰時可想而知，可嘆。

12月27日 星期四

七時起。七時往介兄處，並早飯。九時至市黨部登記，至十時辦事人尚未到。十時半至陳果夫家。午後往下關接德鄰，仍未到，須遲至明日。介兄請吃晚飯，有馮煥章、閻百川等在坐。偕陳果夫往張道藩家，說明日登記事。

12月28日 星期五

七時起身。九時至中央黨部登記，十時至下關歡迎李德鄰。十一時半德鄰到下關，同往介兄處，並午飯。四時蓀蒓齋來，同去沐浴，並晚飯。晚與德鄰談話。十二時半就寢。

12月29日 星期六

七時起身。德鄰來談話。乘九時十分特快車回蘇，午後四時到蘇。

12月30日 星期日

偕影毫到新園，並赴觀前購物。又赴蔣家、羅家。

12月31日　星期一

八時起身。本日新園植樹。蔣家午飯。謝炎煊、顏芝卿來談，並留晚飯。

本年奔走南北，奔走甯漢，異常辛苦。好在北伐完成，大局安定，余心稍安。

往來書信表

發出			收到		
受信人	發出日期	附注	由何處來	收到日期	附注
王季文	二月七日		漢口	二月七日	電報
王季文	二月八日		漢口	二月七日	電
王季文	二月九日		漢口	二月七日	電
王季文	二月十四日		漢口	二月七日	電
王季文	二月十四日		湘潭	二月廿一日	電
王季文	二月廿五日		湘潭	二月廿一日	電
王季文	三月七日		湘潭	二月廿一日	電
王季文	三月七日		長沙	三月十日	電
王季文	三月十一日	二電	長沙	三月十日	電
王季文	三月十四日		長沙	三月十四日	
王季文	三月十七日		長沙	三月十七日	
王季文	三月廿日		長沙	三月廿三日	

雜錄

海　八、十一、一

興　七、十、卅一

海　八、一、卅一

海　八、二、六

華　八、一、六

古人有言，終身讓路，不失尺寸。老氏以讓為寶。

自古祇聞忍與讓，足以消無窮之災悔，未聞忍與讓翻為釀後來之禍患也。欲行忍讓之道，須先從小事做起。

受得小氣，則不至于受大氣。吃得小虧，則至于吃大虧。

凡事最不可想占便宜。子曰：放于利而行多怨便宜者，天下之所共爭也。我一人據之，則怨萃于我矣。我失便宜，則眾怨消矣。故終身失便宜，乃終身得便宜也。

安分省事，則心神寧謐，而無紛擾之害。寡交擇友，則應酬簡，而精神有餘。不聞非僻之言，不致陷于不義。一味謙和謹飭，則人情服。

天子知儉則天下足，一人知儉則一家足。且儉非止節嗇財用而已也。儉于嗜慾，則德日修，體日固。儉于飲食，則脾胃寬。儉于衣服，則肢體適。儉于言語，則元氣藏，而怨尤寡。儉于思慮，則心神安。儉于交遊，則匪類遠。儉于酬酢，則歲月寬，而本業修。儉于書札，則後患寡。儉于干請，則品望尊。儉于僮僕，則防閒省。儉于嬉遊，則學業進。其中義蘊甚廣，則大約不外葆嗇之道也。

保家莫如擇友。

人心是安宅，儉食得常年。

富貴貧賤總難稱意，知足即為稱意。山水花竹無恆主人，得閒便是主人。

我有一言君記許，世間自取苦人多。

讀書者不賤，守田者不饑，積德者不傾，擇交者不敗。

不驕盈、不詐偽、不刻薄、不輕佻。

立品、讀書、養身、儉用。

同氣連枝各自榮，些些言語莫傷情。一回見面一回老，能得幾回為弟兄。

石蘊玉而山輝，水含珠而川媚。

飯要嚼便嚥，路要看便走，話要想便說，事要思便做，友要擇便交，氣要忍便動，財要審便取，衣要慎便脫。

以無厚入有閒。

反既老於未孩。

1929年（民國18年） 46歲

1月1日 星期二

新園植樹，羅家午飯。二時半車赴滬，四時半到滬，住新新旅館。陳光甫來談。七時至朱子謙家晚飯。八時至拉都路會客，十時雙鳳園沐浴。本日南京政府開編遣委員會成立大會。

1月2日 星期三

乘九時車回南京，四時半到南京，王季文等來車站迎接。王係本日上午七時由北平回京。晚九時晤介兄，十時與德鄰談話，仍住成賢街五十六號李公館。

1月3日 星期四

午前八時偕季文謁介兄。九時往晤冷禦秋，偕冷遊雞鳴寺。十二時介兄請午飯，有李德鄰、陳紹寬、王季文在坐。午後偕王季文訪馬福祥、張靜江，均外出未遇。

1月4日 星期五

午前偕德鄰訪陳果夫。午後偕季文遊公園。晚冷禦秋來談。近日各首領雖均到京開編遣會議，但因裁留軍隊之成數各有主張，頗費心思。

1月5日 星期六

六時起身。七時偕冷禦秋晤介兄，報告方叔平所部情形。午後偕王季文、黃健鳴湯山沐浴，六時回。今日人心雖稍定，意見總難一致。

1月6日　星期日

午前照相。商務印書館購物。王■友來見，並介紹往安徽。午後偕德鄰夫婦湯山沐浴，並晤介兄、季陶、陳景韓諸兄。六時回城。

1月7日　星期一

李任潮夜車由滬來京，五時起身，赴下關車站歡迎。七時半晤馮煥章，為王揖唐說項取銷通緝令事。午後五時陳雪軒來談。王季文夜車回滬。今日因起早，故感冒發寒熱，身體很疲困。九時就寢。

1月8日　星期二

八時半起身。本日因發寒熱未出門。陳光甫兩次來談，將赴小呂宋參觀展覽會，並赴南洋遊歷。晚十一時就寢。又李任潮午後來談。

1月9日　星期三

八時起身。偕德鄰、雪暄往謁吳稚暉、張靜江、李石曾。午後孫蒓齋來談保護齊撫萬家產事。今日感冒稍愈。

1月10日　星期四

八時起身。聞昨編遣會談話會，各首領對于裁留軍隊多少稍有爭論，故帶病往晤張、吳、李諸君商量和緩辦法。又茅春台、張亞威來談。

1月11日 星期五

昨日編遣會情形仍欠佳，以致夜不能寢。六時起身。呼德鄰亦起，往介公處，妥洽伊二人感情，又往季陶處。十時陳雪暄來談。十一時方叔平由北平到京。又張亞威、高季堂來談。晚往陳雪暄家，叔平等均在該處。

1月12日 星期六

六時半起身。七時半赴介兄處，方叔平亦于也是時見介兄。十二時，介兄請午飯。午後李任潮、易演初先後來談。又午前方叔平來談。晚赴陳雪暄處。又九時冷禦秋、孫養癯來談。張學良昨夜在奉天槍斃楊雨亭、常蔭槐，同室操戈，可為浩嘆。

1月13日 星期日

六時起身。八時會陶于新，九時後回拜客。午後一時往湯山沐浴，四時回城。至陳雪暄處，並晚飯。近日因編遣會議議案未決，人心尚未大定。

1月14日 星期一

七時起身。午前會張載一、張海洲、謝炎煊。十二時晤介兄。偕炎煊遊公園，送炎煊到下關交通旅館。六時，姚味莘請在安樂酒店晚飯。九時赴陳雪仙家，叔平等均在坐。今日馮煥章召集編遣審查會，無大結果，可念。

1月15日　星期二

九時會張克堯、宋世科、汪筱侯，九時後拜客。午後張亞威來談。六時至陳雪仙處。晚張海洲來談。今日審查編遣區域及裁留成數，完全照總司令提案通過，可樂觀也。

1月16日　星期三

六時半起身。七時半偕謝炎煊見介兄，九時宋世科來，十二時偕潘宜之安樂酒店午飯。三時晤介兄，五時至陳雪軒家。七時回晚飯，與任潮談國防事。八時訪李石曾。九時謝炎煊來談。十一時就寢。

1月17日　星期四

六時起身。昨夜落雪。乘九時車回蘇州，沿途白雪甚美觀，四時到家，五時念佛，更覺心靜神清。較之在京無聊奔走，實有天壤之別也。晚間與家人圍爐，談話其樂何如。九時就寢。

1月18日　星期五

八時半起身。是日臘月臘八，與家人吃臘八粥，皆大歡喜。十時偕湘君博習醫院看希昭病，又往蔣家。午後顏芝卿、曾影亳樂群沐浴。六時回，留顏、曾二君晚飯。九時半就寢。

1 月 19 日　星期六

八時起身。連日在家甚快樂，不料感冒未愈，反加重，何不幸乃爾。影毫十二時來午飯，飯後影兄赴伊花園，並赴新園整理樹木。五時偕影兄及顏芝卿至帶城橋下塘看地皮。王季文來函，明日早來蘇。

1 月 20 日　星期日

八時起身。請曾影毫先生赴車站歡迎季文，伊未來，想有他故也。本日天雨，又因感冒，未出門，與影毫談論歷史上過去偉人之得失。九時就寢。

1 月 21 日　星期一

七時半起身。季文午後到蘇，影毫亦來。晚間談話。十一時就寢。又午後謝炎煊來談。

1 月 22 日　星期二

八時起身。十一時偕季文到謝炎煊家午飯，午後至影毫家遊園。十一時就寢。

1 月 23 日　星期三

午前十一時偕季文到凌毅然家午飯，飯後到車站，擬乘二時半車赴滬。熟知車誤點，改乘尋常快車，至晚九時到滬。計由甯到滬誤五小時之久，特快車反先五十分到滬，弄巧成絀，可笑。仍往拉都路。十一時沐浴，就寢。

1月24日　星期四

上午九時到上海銀行晤陳光甫，談一同赴南洋遊覽，伊甚贊，隨派該行副經理朱君同去照相，預備護照，又到旅行部量身體高矮。十時到王季文家，並留午飯。四時先施購物，六時朱家晚飯，飯後竹戰四圈。九時回。

1月25日　星期五

十一時往陳光甫處。午後偕三先生永安公司購物。三時至季文家。得羅佶子電，贊成我遊南洋。偕季文至南園酒店晚飯。到朱公館。九時孫世偉來談大連情形。十時去。

1月26日　星期六

送遊南洋旅費，與陳光甫乘十二時半車回蘇州。四時半到蘇，誤點二小時，五時半到家。叔怡來談，並留晚飯。九時半就寢。

1月27日　星期日

本日未出門。與影毫兄談論古今之英雄成敗，八時半回去。十時就寢。

1月28日　星期一

午後偕影毫、樂群沐浴。到羅家、蔣家。張叔怡、凌毅然來談，並留晚飯。午前讀歷史。

1月29日　星期二

馬雲亭夫婦六時到滬，住拉都路。七時到朱家，並晚飯，九時與王季文談話。十二時就寢。

1月30日　星期三

八時起身。十時往上海銀行晤光甫，偕朱君往美領事館請護照，永安公司購物。六時先施公司購物，七時朱家晚飯。本日請護照，美副領事親出接洽，親自打字，十五分鐘辦完，足見外人辦事認真而敏捷。

1月31日　星期四

午前未出門。午後王季文、張伯璇來談，同赴張家晚飯，並談話。十二時就寢。十時偕惟仁到上海銀行，又到中國旅行社晤朱成章。十二時半車回蘇州，車誤時間，四時半到家。

2月1日　星期五

九時起身。午前未出門。午後偕曾影毫、張叔怡到朱升甫、凌毅然家與朱談，陳雪仙兄出處為難，只得暫住安慶。隨偕曾、張等遊覽觀前，同回晚飯。連日天氣甚寒。

2月2日　星期六

午前宋志元、吳紹甫來談。十時偕曾影毫、顏芝卿南園看地皮。午後二時半特快車往滬，車曹亞白。四時半到滬，仍住拉都路，晚間檢點行李。九時半沐浴，就寢。

2月3日　星期日

本日外出購物。

2月4日　星期一

午後一時王季文來談，二時同至光甫處，四時至張伯璇處，並晚飯。九時到朱家，十時檢行李，預備明日返蘇州度舊歲。

2月5日　星期二

六時起身。偕惟仁、張叔怡乘八時五十分特快車回蘇，十一時到蘇。午後朱琛甫來談。

2月6日　星期三

九時往影毫家，同往毅然家，三和居午飯。飯後觀前買水仙花。

2月7日　星期四

午前偕湘君觀前購物。午後偕影毫新園植樹，蔣家請我全家吃年夜飯。

2月8日　星期五

午前赴楊譜笙家弔楊老太太喪。至醫院看希昭病，赴羅家告羅先生今日由北平南下。午後偕影毫樂群沐浴。

2月9日　星期六

午前在家整理花木。午後謝炎煊、張矯臣來談。晚偕惟仁到蔣家辭年夜。一時接年，一時半就寢。馴叔將及三歲（實足年二歲〇卅四天），活潑天真可愛之至，我與惟仁夫人、湘君女士上香念佛，心靜神清，其樂如仙。

2月10日　星期日

午前偕影毫各處拜年。午後遊觀前，吳苑吃茶。

2月11日　星期一

偕子晚到蘇。偕張叔怡午後特快車回滬，四時到滬，仍住拉都路，朱家晚飯。八時至李德鄰處，九時王季文來談。

2月12日　星期二

介兄七時到滬，彼此往謁均相左。搬到一品。羅先生、曾先生均到滬。午前偕光甫種牛豆。晚在一品香請德鄰晚飯，飯後光甫來談。九時東亞訪劉子云。關于介兄，說明後再起行恐挽留故，只得留信告別。

2月13日　星期三

昨晚住一品香。十時偕王季文遊徐園。十一時半到上海銀行。十二時至新關馬碼乘大來小火輪上比亞司船。陳光甫二時來船，同赴菲律賓。三時半開船，與光甫同房，係一百〇七號房。

2月14日　星期四

七時起身。船面散步，光甫與我談赴英國，我極贊同。今日天氣清和，頭腦清楚，較在政治中求生活實有天壤之別也。身體重量一百三十五鎊，光甫一百四十五。

2月15日　星期五

【前缺】船面散步，天氣清朗，精神爽快，與光甫談為人道理。午後八時到香港，上岸散步。此間天氣等于上海陰曆二、三月。

2月16日　星期六

【前缺】岸上散步。午後二時過海遊覽，並到先施公司購物。四時回船，六時開船。光甫朋友黃、鄭、梁諸君來送行。

2月17日　星期日

本日自七時稍有風浪，故暈船，致一日未進飲食，甚痛苦，至深夜稍安。此次乘大來公司比亞司船，該船係最新式，開船到埠，時間均有一定。我在民國二、三年乘法郵船已覺滿意，現比亞司船改良與該前法郵比較，有十與一之差也，有音樂、電影、運動場。我中華日在紛擾，可不慨嘆。

2月18日　星期一

六時起身。九時船到小呂宋，十時上岸，有薛敏老、李清泉等約十餘人船。敏老在大同聚樂部午飯，此間天氣等于上海陰曆五月。午後偕光甫往拜邱允衡、黃亦注，此乃菲律賓華僑巨商，擁資各千萬。又往謁陳迎來、吳義治、李清泉、薛敏老，亦華僑巨商。晚李清泉請夜飯，在坐均華僑巨商。

2月19日　星期二

七時起身。十時偕光甫訪本國領事。十二時邱允衡世兄請午飯。午後遊距五十里之水源。晚間邱允衡請酒，十時看挑舞，是日由海濱旅館移至邱先生預備之房屋。

2月20日　星期三

七時起身。九時薛敏老及兄來。十二時敏老胞兄在大同俱樂部請午飯。二時回，休息。五時半偕陳道楨做衣服、遊海邊公園，謁利繖墓，係卅年前反對西半牙人謀菲律濱自由，為西人所殺之英雄也。

2月21日　星期四

七時起身。九時與光甫至領事館，請領事代辦赴歐護照。十時偕副領事購衣箱。十二時到，與光甫中興銀行取款。十二時半廣東酒樓午飯，飯後鄺正領事周副領事來談。晚，房主人邱先生來談話。

2月22日　星期五

七時起身。十二時房主人世兄描連洛邱請午飯。描連之母係菲人，故祇會說菲語，華僑子弟頗多如此。午後四時偕陳道楨遊覽水族館，海濱公園散步觀日落海景，又參觀女子大學新屋落成展覽會。

2月23日　星期六

午前偕光甫赴銀行取款，房主人世兄請午飯，午後未出門。閱此間報紙，張宗昌在膠東活動。又此間報登載謠言紛起，公債價底，可為憂念。

2月24日　星期日

午前偕光甫、敏老、房主人往距六十里安地浪羅耶蘇之母馬利亞廟，此廟係西半牙建造，已二百餘年，神像由墨西哥請來，該像已三百餘年矣。三拜路房主人別墅午飯，午後偕藍君參觀西半牙舊砲台，遊海邊。

2月25日　星期一

午前偕副領事周君到英、法領事館晤領事，請給赴歐洲護照，又照相。午後未出門。晚薛敏老請吃晚飯。閱報葉琪等討魯滌平湖南政變，恐牽動大局也。

2月26日　星期二

午前偕光甫到邱允衡、李清泉等處辭行，擬明晚赴新加坡。午後李清泉、薛敏老來談，並留晚飯。

2月27日　星期三

午前赴銀行換錢。午後未出門。晚偕陳道楨看挑舞。十時半回，就寢。

2月28日　星期四

午前赴領事館辭行。邱允衡父子請午飯。午後上大來公司羅士亞力山大號，往新加坡。薛敏老請吃晚飯。夜四時開船，我與光甫往二樓二百〇六號房。

3月1日　星期五

清晨四時開船往新加坡。本日風平浪靜，天氣甚佳。亞力山大船只有八千多頓，用黑人作茶房。此船周遊世界，船內中國客四、五人而已。光甫主張即乘此船往歐洲，尚須考量也。

3月2日　星期六

今日天氣清和，精神爽快。早飯後船面散步，讀唐詩。此船向來走美洲沿海，此次替班茶房及種種佈置，頗欠周道。只得到星加坡換船赴歐。

3月3日　星期日

六時起身。八時早飯，船面看歷史。由馬尼剌向西行，每日時間慢十二分鐘。今日西人在船做禮拜。天氣清和，稍有風波。船主得電，北京戒嚴，判兵與國軍衝突。

3月4日　星期一

天雨，船中多係美國人，男女終日看書，晚間遊玩作樂。我國人委靡不振，政爭不已，良可嘆也。今夜可到新加坡。

3月5日　星期二

昨夜三時，船到港停輪，八時到碼頭，九時上岸，住蕭保臣家。十一時偕光甫到和豐銀行、華僑銀行訪該行辦事人，又海邊散步。午後二時蕭先生在中華俱樂部請午飯。四時遊植園，風景極佳。

3月6日　星期三

五時起身。午前補牙，通記龍買船票，決乘法國船，船名香濱，赴歐洲，船價約一千元，到馬賽。午王正緒請吃飯。午後遊海邊看水源，房主人請在海邊中華俱樂部晚飯。本日致電與介兄。十一時回，就寢。

3月7日　星期四

六時起身。午前訪林文慶。到通記龍，到法碼頭看船，閱報。甯漢雙方動員，大局危險，統一將破，可惜可嘆。午後三時，上法郵船香濱號，偕光甫往歐洲，九時開船。又午後訪陳嘉庚。由新加坡往馬賽船價一千元。

3月8日　星期五

六時起身。天晴，風平浪靜。余久有歐美之行，皆無機會。此次無意中而得實行，又有光甫兄招待，使我不能外國語言之種種便利，誠有生以來之大幸也。午後分配救生船，以防意外也。

3月9日　星期六

今晨稍有風浪。午後聽音樂，此船有一萬六千噸，設備尚周。我們房在三層四十六號，係船之中部地位，頗佳，非常滿意。晚間看跳舞。十時就寢。

3月10日　星期日

今日天晴。風平浪靜。連日與光甫交換知識，研究做人道理，頗有益于身心。惟時念馴兒。午後聽音樂，晚間看跳舞。十一時就寢。

3月11日　星期一

天晴無浪，等于遊湖，真難得之天氣也。清晨與光甫談列國經濟狀況，自歐戰後未復原狀。明盼可到可倫布，連日天氣清朗，觀日落海景，令人心悅神怡。

3月12日　星期二

連日海面平靜無浪，如同西子湖中，真難得之天時也。夜十時可侖布，得介兄佳電接濟川資伍千元。明日復電道謝謝。

3月13日　星期三

午十二時由可侖布開船，風平浪靜。可侖布港灣修理甚佳，此處有華僑約百人。船中每日午後有音樂，晚九時跳舞，客中尚不寂寞。

3月14日　星期四

午前稍有微風，落小雨，午後天晴風息。船中外國人男女或讀書或遊玩，較之中國社會紛紛擾擾，日在悲傷恐怖之中，何能同年而語也。

3月15日　星期五

今天天氣尤佳，海面如鏡。午十二時距吉布的一千六百十三里，遠望大魚跳躍，洵可樂也。

3月16日　星期六

天晴有微風，氣候稍涼，因向北行也。昨午至今午走二百八十一里。午後五時船中做劇。一、二、三等客人同在一處觀看。晚間印度人舞，法人唱歌。

3月17日　星期日

午前與船中客人蕭君談中國時局。今日天晴風平浪靜，精神爽快。昨午至今午行二百九十二里，亘吉布的尚有一千〇四十四里。午後五時，船客開彩票以作消遣。晚間西人大跳舞，我們未參觀。九時半就寢。

3月18日　星期一

天氣清和，風平浪靜。昨午至今午行三百〇二里，亘吉布的尚有七百四十二里。午前讀莊子，義理太深，不易了解，不外消遙出世也。午後讀老子，以老莊修身養性則可以之，應付現在思潮不可也。

3月19日　星期二

午前八時，船沿非洲東北索謀得蘭駛行，本日雖起風，因在海夾中，並不覺搖動也。昨午至今午行三百〇四里，明晚可到吉布的。

3月20日　星期三

五時起身。甲板散步念佛，看太陽出海，心淨神安。夜十二時到吉布的，偕光甫及美、法友人上岸，皓月當空，海水如鏡。此間雨量少、氣候熱，不毛之地，女人赤身跳舞，真人間地獄也。夜二時半回船。

3月21日　星期四

八時由吉布的開輪，光甫得銀行來電，甯漢雙方佈防，蔣、胡等彼此通電責難，馮煥辭軍政部長，反對宋子文，大局將破，統一失敗，殊為可惜。今日天氣甚熱，雖有風，船在紅海不搖動。

3月22日　星期五

午前五時起身望太陽出海，六時半美朋友教我與光甫體操。今日有風，船不動，紅海礁石甚多，沿途多燈塔。

3月23日　星期六

天晴，風從東北來，天氣較涼，風浪雖大，船不甚動搖，因紅海的深廣不及印度洋也。早晚須穿夾衣，連日清晨看太陽出海，晚間看月色，大可消遣。

3月24日　星期日

天氣變涼，改穿夾衣，多在室內談話，甲板頗形寂寞。今日天晴，風浪甚大，船不動搖，觀夕陽西下，皓月東昇，水波如鏡，誠美觀也。

3月25日　星期一

天晴風大，因海面不廣，船不動搖，氣候甚寒，改著冬衣。夜十一時到蘇伊士，一時偕光甫兄坐汽車往開伊羅。五時到開伊羅，住法人旅館。沿途沙漠，既無人家，亦無樹木，只明月照耀沙漠，如同白天一樣。

3月26日　星期二

七時半起身。九時後遊覽教堂二處，一建築千年前，一五百年前，均用白石造成，工精而料實。遊士母哈大學，房屋精美，有一千多竿，學生二萬五千人。又遊古天主教堂二處，一時回旅社午飯。金字塔有一塔費千元，騎駱駝看石人。六時開車，十時車到波賽，十一時開船。一時就寢。

3月27日　星期三

天晴，午前有風，船稍動，午後風平浪靜，天氣涼爽，等于上海陰曆三月。昨遊開伊羅市街，見土人身體高大，頗具精神，將來必有作為。據招待我們土人云，甚希望中國強盛。此次同遊，並有法人男女五人。

3月28日　星期四

六時起身，早飯後與光甫談為人道理，中國社會現在之悲觀。昨午至今午行三百十六里，巨馬賽尚有一千〇五十六里。我今日過生尚心安，不知明年又在何處，徒增年歲矣，無補時艱，可愧。

3 月 29 日　星期五

今日有微風，船搖動，因海深廣及海狹水高之故也。昨午至今午走三百〇三里。午後小雨天寒，須穿冬季大衣。

3 月 30 日　星期六

五時半起身。七時理髮。今日天氣清和，海下揚波，水平如鏡，昨夜經過義大利西西里島海峽，昨午至今午行三百〇一里，離馬賽尚有四百六十里。

3 月 31 日　星期日

上午七時半到哥塞牙島巴斯的亞商港，山明水秀，風景宜人，加之天氣晴和，更使人心性幽怡。昨午至今午行二百九十七里，離馬賽尚有一百六十三里。

金字塔四十五丈高、七十五丈寬。十萬工人廿年造成，三百八十萬塊石頭。在埃及閱路頭電知國府于廿二日下令討伐武漢，外人日在謀我，而內部自相殘殺，豈不更與外人機會乎。

4月1日　星期一

五時半起身。七時到馬賽，八時上岸，外間散步，住羅爾斯旅館。一時與光甫午飯，每人吃三個菜、一水菓，用去約十元，生活程度之高，于斯可見。

4月2日　星期二

五時半起身，沐浴。九時乘汽車，約十分到車站，九時四十分開車。夜十一時到巴黎，鐵路兩邊村鎮甚多，道路整齊，由馬賽到里昂，天氣溫和，等于上海陰曆三月下旬，沿途紅桃花、白黎花、青松柏、楊柳，風景愛人。住謀得里路名南特旅館，二人房金約廿元。本定十時到巴黎，遲一時始到，據云法國火車時常誤點也。

4月3日　星期三

午前往公使館晤高公使曙卿及何君，同往萬華樓午飯。係本國飯，只平常菜四、五個，用去十四元之多，在上海不過四元而已。午後馬路上散步，並吃茶點。

4月4日　星期四

午前偕光甫及何尚平遊皇宮（皇宮即現在之總統府）及公園，並做便服一身一千二百弗朗。午飯後到公使館，仍陳、何二君並高世兄去做禮服，一身二千六百五十弗朗。遊森林公園，晚飯後看法國戲。十二時回。

4月5日　星期五

九時起身。十一時偕高公子及光甫遊博物院，午後散步回中華飯店。高公子請吃晚飯，飯後遊天堂地獄。十一時就寢。今日上海銀行電，桂軍退出武漢回湘桂。

4月6日　星期六

七時起身。十一時偕光甫及何尚平參觀中央銀行、公司銀行，光甫請何、高二君午飯，飯後回旅館休息。何尚平請吃晚飯，高公使請看戲。十二時半回。

4月7日　星期日

十時偕光甫乘通記龍車遊博物院、國家戲院、拿破崙墓、凱旋門下無名英雄墓、參觀鐵塔及街市。午後遊大人物廟及露脫達姆等古寺，查露脫古寺一千一百年興工，一千四百年完工，可容二萬人。中華飯店晚飯。

4月8日　星期一

十時偕光甫乘通記隆公共汽車往遊方登不奴、飛機場、造紙場、大無線台，參觀名畫家米來住屋，經過大森林，十二時半到方登不奴。午飯後遊古皇宮，拿破崙初次退位與復職均在此宮。四時回，五時半到巴黎，七時萬華樓晚飯。

4月9日　星期二

午前偕高仰之、陳光甫遊克南博物院及植物公園，午後遊武術成列館及動物園。高公使在公使館請吃晚飯。

4 月 10 日　星期三

午前取衣服，買零物。偕光甫萬花樓午飯，午後偕高公使、光甫、吳君參觀比國學生寄宿舍，吳君請吃茶，萬花樓晚飯。十時回，沐浴就寢。

4 月 11 日　星期四

午前偕高仰之先生、陳光甫遊小皇宮博物院及東方古物陳列所，午飯後參觀里昂銀行，看跑馬，萬花酒樓晚飯。十一時就寢。

4 月 12 日　星期五

午前偕光甫、高仰之訪吳君。十二時在三百年老飯館午飯。飯後參觀醫學校試驗室。吳君請在上海樓晚飯。擬明赴倫敦。

4 月 13 日　星期六

十一時到巴黎車，午十二時開車，三時十五分到加來。三時四十五分開船，風平浪靜。五時到多福，五時半開車，七時十五分到倫敦。本國代辦公使來站招待，同光甫等到杏花樓晚飯，並到使館。

4 月 14 日　星期日

今日偕光甫終日馬路散步，參觀商店，並過泰晤士河威靈吞文登銅像，在新廣東樓晚飯。今日霧氣頗大，天氣較寒，房中尚須生火。

4月15日　星期一

今日未出門。晚在新廣樓晚飯，有代辦公使及公使館人員。飯後馬路散步，時見大戰時受傷殘廢之人。失業工人尚有一百數十萬人，生活程度甚高，此皆英國之弱點也。

4月16日　星期二

午前散步。十二時代公使約出外午飯，晚間公使館人員在上海樓請吃飯。

4月17日　星期三

午前偕公使館邱君參觀博物院。午後一時新廣東樓午飯，飯後散步。四時回若斯旅館。六時偕光甫及陳代公使中國飯店晚飯，飯後看電影。

4月18日　星期四

午前參觀博物院。華英樓午飯。飯後散步看修路，多用機器。見街中少年人當乞丐者，生活困難，中外相同。大戰後經濟尚未復原，失業增多。七時到上海樓晚飯，九時回。

4月19日　星期五

午前偕公使館邱君辛伯到公使館，陳代公使約在新廣樓午飯。飯後偕邱，顯微鏡、襪子等等，五時回。六時偕光甫中國飯店晚飯。午飯時有趙鑑唐君在坐。

4 月 20 日　星期六

午前偕光甫到使館，新廣東樓午飯。四時公使秘書吳南如約吳定良演說人頭骨測量法，並參觀中山先生公使館被難住房。

4 月 21 日　星期日

午前吳南如君來，同去遊動物園及水族館，約南如夫婦杏花午飯，飯後同赴市外甯君家吃茶。晚偕光甫及蕭君杏花樓晚飯。坐地道車，查地道車有十丈深，計有兩層地道，用昇降梯下去，樓梯式電梯上去，科學進步于斯可見。

4 月 22 日　星期一

午前偕光甫到公使館，新廣樓午飯。飯後公園散步，偕光甫在中國飯店晚飯。昨日身體重量一百四十二鎊，較二月十三出國時增加七鎊。

4 月 23 日　星期二

午前十時由若期旅館移至安百斯司考得旅館，午後一時半英美煙公司經理羅士來，光甫介紹與伊見面。午飯、晚飯皆在旅館，晚飯後街中散步。

4 月 24 日　星期三

午前偕光甫到公使館，新廣東樓午飯。晚間光甫請客吃飯，我作陪，並觀劇。十一時半回，就寢。

4 月 25 日　星期四

偕公使館邱、劉二君中國飯店午飯，飯後買皮鞋。七時又偕光甫到中國飯店晚飯。

4 月 26 日　星期五

午前偕光甫到通記隆。午後二時乘通記隆大汽車遊倫敦街市，經過皇宮、為多利亞紀念碑大公園，參觀倫敦博院、油畫院。七時光甫在探花樓請甯、舒諸君晚飯。

4 月 27 日　星期六

午前到公使館，請陳代辦公使夫婦在中國飯店午飯，並請使館秘書吳、孫、邱、劉諸君作陪。午後請陳夫婦看電影。七時到探花樓晚飯，飯後公園散步。

4 月 28 日　星期日

午前公園散步。探花樓午飯，飯到公使館與吳南如夫婦遊植物公園，經過太晤士河。七時吳君請吃日本飯。植物公園佈置整齊而清潔，地面甚大，應有花木無不齊全。有極大花房，陳列熱帶之花木也。

4 月 29 日　星期一

午前公園散步。利安午飯。午後七時王迴波、葉乃忱在中國飯店請吃日本飯。飯後光甫請看電影。

4月30日　星期二

午前公園散步，探花樓午飯。七時偕光甫新中國晚飯。英國報紙載馮煥章未待中央命令，撤退山東駐軍，集中河南，在京辦事員均退去。是則蔣桂事未了，而馮又起兵，大好統一局面從此瓦解，可惜。

5月1日　星期三

午前偕光甫及使館秘書赴巡捕房登記，又偕吳君買汗衣、襯衣、領頭，並定做夏衣。一時偕劉光漢義大利飯店午飯。飯後威金斯公園散步。七時光甫在上海樓請陳代公使夫婦晚飯。

5月2日　星期四

午前海公園散步，探花樓午飯。七時偕光甫到杏花樓晚飯，並看跳舞。

5月3日　星期五

今日未出門，讀雜誌及孫子十三篇。七時偕光甫新中國飯店晚飯。

5月4日　星期六

午後一時請光甫及其洋文秘書在匈牙利飯館午飯。飯光甫請看戲。七時陳代公使請本國出席郵政會議代表劉樹藩等在杏花樓晚飯，我與光甫作陪。

5月5日　星期日

午前偕公使館秘書邱祖銘君遊倫敦橋及唐人街，多本國人居住也。該街污濁不堪，陳列貨物尤不清潔。一時請邱君探花樓午飯，飯後偕光甫到陳代公使家在太晤士河邊房屋，甚清潔。光甫請陳夫婦上海樓晚飯。

5月6日　星期一

午前公園散步。下午一時請陳代公使匈牙利飯店午飯，飯後同去買外衣、毯等件。晚偕光甫探花樓晚飯。報載馮煥章軍退出山東集中河南，是則中原又將用武矣。

5月7日　星期二

午前十時偕光甫參觀英皇太子出行赴迎賓館接見各國公使。杏花樓午飯，有劉樹藩、陳代公使在坐。探花樓晚飯。報載桂將攻粵，如此西南又將紛擾矣，小民何以堪此。

5月8日　星期三

午前赴使館，與吳秘書同去做衣，並買物。義大利飯店午飯，有吳夫人在坐。探花樓晚飯。

5月9日　星期四

報載粵桂兩軍在肇慶開始作戰。十二時請劉樹藩、陳代辦、光甫杏花樓午飯。飯後三時偕伊等參觀英國下議院，適該院開會行閉會式，緣月底改選也。晚光甫請美友人探花樓飯。今日秤身體重一百四十六磅。

5月10日　星期五

午前偕邱秘書祖銘義大利飯館午飯。遊臘人院，遊倫敦塔，該塔造于一千〇四十四年，初為砲台，繼為監禁要犯之所。現陳列古兵器及英皇室最寶貴之皇冕也。

七時中國飯店晚飯。今日光甫下鄉，應友人之約。

5 月 11 日　星期六

本日午後偕邱祖銘參觀科學博物院，動物、植物、礦產博物院，美術博物院等，殊令人感想。歐人科學進步，大有一日千里、青雲直上之勢。吾國科學落後，等於歐八百年前之思想也。

5 月 12 日　星期日

上午十一時偕邱祖銘君坐火車，十二時到溫蘇參觀古皇宮及伊東學校。英國偉人多出自此校，學生均著禮服，須數年前報名投考，誠貴族之學校也。三時半到海門登遊覽皇宮，該宮花不幽美。五時遊植園。

5 月 13 日　星期一

午前未出門。午後遊海公園，步行該公園一週須二小時之久，周圍約中國二十里，倫敦市最大之公園也。晚偕光甫及其洋文秘書探花樓晚飯。此二十里連間壁公園亦算在內。

5 月 14 日　星期二

午前檢行李，擬明日赴巴黎。十二時半陳代公使請在杏花樓午飯。飯後到公使館辭行，並遇見歐陽格（號九淵），在英學海軍。探花樓晚飯。

5 月 15 日　星期三

午前送行李到飛機公司過磅及秤身體重量，我一百四十五磅，光甫一百五十三磅。十一時偕光甫到公使館，一時杏花樓午飯。二時半由飛機公司坐汽車，三時到飛機廠，三時半飛機開車。五時四十五分到巴黎飛機廠，乘汽車，六時到飛機公司。七時到華利飯店住五百三十五號房。出外晚飯，街中散步。十二時回，就寢。飛機每小時約行八十英里，飛高三千英尺。

5 月 16 日　星期四

上午偕英友人白也遊盧森堡公園。一時午飯。午後三時高仰之兄來，同去式所做禮服一套連背心，二千六百五十弗朗。偕高君英人茶店吃茶。與光甫及英人白奈同去吃晚飯，飯後看戲。十二時半回，就寢。

5 月 17 日　星期五

午前往使館拜會高公使及其公子及何尚平君，偕何君午飯。飯後看巴黎物品展覽會，等于中國南洋勸業會。觀該會所出物品日有進步，我中國太幼稚了。且各國皆有出品陳列，中國則無也。

5 月 18 日　星期六

午前偕何尚平歷史有名凡爾賽宮，該宮起路易十三，有宮殿林泉之美。午後遊泰安弄，亦路易氏之別墅也。遊拿破崙故宅，均陳列拿氏之遺留物品也。六時回巴黎，七時偕英友人白也遊森林公園。八時請白君吃晚飯，飯後看電影。十二時回，就寢。

5 月 19 日　星期日

午前赴使館，高公使留午飯。午後三時偕高公子遊巴黎鐵塔，該塔計高四十五丈，造成已六十餘年矣。遊臘人館、玻璃房。請何尚平夫人及高公子上海樓晚飯，飯後看戲。十二時回，就寢。連日報載馮蔣將開戰。

5 月 20 日　星期一

午前十時半到巴黎車站，十一時開車前往瑞士，晚八時半抵日尼瓦，有陳光甫、夏奇峯、英人白也同行。是夜月白風清，青山綠水，偕光甫散步湖邊，可謂世外之桃園也。報載馮玉祥攻徐州，桂軍將得廣州。

5 月 21 日　星期二

午前湖邊散步。午後偕英友人賃小舟一隻，既可領略湖光，又可強健身體。在湖三小時之久，是日天氣溫和，而滿山翠綠，鳥語花香，舟遊湖中，實有令人留連忘返之勢。晚飯後湖邊散步，皓月當空，遊人如鯽。

5 月 22 日　星期三

午前湖邊散步，並託夏奇峯君代辦赴德護照。午後三時半乘汽油船遊湖。至日尼瓦舊城上岸，吃茶點，乘電車回旅館，已六時半矣。晚飯後偕光甫及白也看瑞士戲。

5月23日　星期四

午前偕夏奇峯君赴德領館請赴德護照。午後五時與英友人自駕小舟遊放湖中。七時正在歸途中，忽遇急風急雨，雷電大作，驚濤巨浪，衣履全濕。吾二人正定駛行，並不畏懼，反以為樂。抵旅館已九時矣。

5月24日　星期五

午前公園散步。光甫請夏奇峯及余午飯。午後五時偕光甫及友人白也自駕小舟遊湖，七時回。今日報載桂軍攻廣州失利，又馮蔣尚未接戰。

5月25日　星期六

終日湖邊散步，晚偕白也看電影。報載國府下令討閥馮玉祥。

5月26日　星期日

湖邊公園散步。遠看阿爾卑斯山積雪皚皚，四時不消。歐洲最高之山也，其高出海面一萬數千尺。

5月27日　星期一

午前公園散步。午後看書。晚飯後偕光甫馬路散步。

5月28日　星期二

午前偕夏奇峯君購風景片，乘馬車遊舊城。午後大學公園散步。

5月29日　星期三

午前植物公園散步，在深樹林中靜坐。午後偕英友人自駕小舟遊湖。報載韓福渠擁護中央，馮退陝西。

5月30日　星期四

今日國際勞工局在此間看大會，光甫兄做資本家方面代表前往出席。午前、午後均在公園散步。

5月31日　星期五

午前參觀日內尼市場，甚清潔有秩序。午後三時參觀國際勞工大會。請夏奇峯晚飯，光甫作陪。

6月1日　星期六

午前遊山頂公園，孔雀在樹林中自然棲宿，從來所未見，可知此邦人民文明之大概矣。午後理髮，偕夏奇峯君去做夾衣，約國幣一百二十元一套。夏君請在世界俱樂部吃晚飯。

6月2日　星期日

偕光甫及勞工大會國府代表朱、富二君，于午前九時半由日內瓦坐汽車經洛桑，十一時半到孟特羅。適該處開百花大會，會場在青山綠水之間，其風景絕倫，非筆墨可形容者。是日天朗氣清，而紅男綠女彼此擲花，皆大歡喜，所謂西方極樂世界，亦過如此耳，光甫云莫非在夢中。十時到日內瓦。

6月3日　星期一

公園散步。

6月4日　星期二

午前遊山頂公園遇雨，午後往訪吳少耀君。

6月5日　星期三

午前吳君少耀來談，約午飯，並約同遊義、奧、捷克諸國。午後與吳君散步談心，約吳君晚飯。

6月6日　星期四

午前偕夏奇峯買錶及零物，至吳少耀旅館。午後一時半偕吳君昆仲坐汽船，五時到孟特羅。沿途湖邊風景可愛，只因下雨不見高山白雪，未免可惜。十時就寢，明日擬往因脫拉根及盧塞納山地。

6月7日　星期五

上午九時坐汽車遊覽孟特羅山景，十時半開車，午後三時到兩湖之間因脫拉根。隨坐專車遊覽風景，五時開車，八時半到盧塞納。今日火車穿過山洞甚多，或經山巔繞行羊腸小道，或行湖邊清風拂拂，而白巖（白巖即是雪山）壁立，綠樹滿山，加之遍地喂養牛羊，花草正在開放，其風景之佳，生平未見。所謂山陰道上，今乃領晤之。

6月8日　星期六

午前十時半坐汽車遊覽街市至十二時，回客寓午飯。午後二時坐汽船，三時黎斯山下換上山火車，四時到黎斯山頂，該山四面湖山，瑞士第一之風景也。山高出海面一千八百米達。擬明日往義國米蘭。

6月9日　星期日

午前大風而小雨，氣候寒，可著棉衣。午飯後下山，二時三十分到車站，三時開車向南駛行，盤山而上，或經危崖，或臨深谷，澗水橫飛，瀑布如練，茂林豐草，牛羊成群，四面高山均被白雪。經過山洞無數，而聖格特山洞長約十英里，用兩個電氣車頭，行廿分鐘始出洞，工事之艱，世界無匹，誠驚人之大工程也。八時到米蘭。

6月10日　星期一

午前遊覽米蘭街市，參觀白大理石所造之大寺，可容四萬人，為世界傑構。十時四十分開車往威尼斯，沿途風景相似江蘇南部，三時到威尼斯。該市建于七十二島上，無車馬，相通以橋。四時遊湖，參觀三茅古寺，雕刻之工，巧奪天工，並遊覽黎多島一週。明日擬往維也納。

6月11日　星期二

午前偕少耀昆仲遊覽街市，參觀古王宮，重遊古教堂。因今日是端陽節，午飯食龍蝦。午後二時坐小船到火車站，三時開車往墺京維也納。余言語不通，處處感覺困難，吳兄少耀通英、法語言，實與我種種便利，殊為心感。今日端節更令我思念馴兒。

6月12日　星期三

上午八時到維也納，九偕少耀昆仲散步，十時乘通記龍公共汽車遊覽街市，經多腦河及一啟羅米達之長橋，並經博物院、公園，最後參觀皇宮，風景甚佳。午後五時開車往捷克京都巴拉加，沿途景況相似淮河以南。晚十二時到巴拉加。

6月13日　星期四

午前偕少耀遊覽大街市，觀工業小品異常精美，街道整潔，人民振作，該國前途未可限量也。午後坐通記隆汽車遊覽及參觀古教堂、古王宮、猶太教堂、猶太人古墳墓，並經過總統府及各部衙門，並遊易北河支流馬爾道河，風光明媚，景物勝麗。此城古蹟甚多，所謂中歐之羅馬也。

6月14日　星期五

午前偕少耀及其捷克友人參觀玻璃及磁器出品，四時開車往必納羅（即布隆），八時半到布隆。該處商業頗盛，為捷克工業之中心。報載俄國因東省查封領館事下動員令，向我國邊境調動軍隊。

6月15日　星期六

午前九時半至十二時半，偕少耀昆仲參觀布隆士不納若夫加造槍場，該場工人約七千，每日八小時工作，可出步槍七百支，輕機槍七十支。又參觀造汽車場。午後三時至四時乘汽車遊覽。四時十分開車，九十五分到巴拉加，該場並附設機器學校。

6月16日　星期日

午前偕少耀由士可得機器場代表招待遊覽博覽會場，該場最新建築規模宏大，又遊大公園，並午飯。午後二時至四時參觀飛機戰鬥演習，另有一架飛術特別，或直上直下，斜行側行，迴轉或反行，飛術之精，從所未見。

6月17日　星期一

午前偕斯可達機器場代表加利那及少耀昆仲乘八時車，十時到比爾森下車，即參觀斯可達機器各場。該場能造汽車、火車頭、軍用大砲，以及各種機器，規模甚大，世界聞名，有工人二萬七千。午後一時參觀完畢，八時回巴拉加，十二時開車往柏林。

6月18日　星期二

午前七時到柏林，八時早茶後理髮。九時到公使館晤公使蔣雨岩，留午飯。三時回寓，遊覽街市。德國自大戰後負重大賠款，原氣未復，人民生活困難。

6月19日　星期三

午前遊覽動物園，午後大公園散步。

6月20日　星期四

午前十一時坐半小時汽車，換汽船遊覽波斯丹河之兩岸，綠樹重重，風景甚佳，參觀皇宮及教堂。皇宮內有一寶貝廳，誠無價之寶也，亦生平所未見也。七時回柏林，往謁蔣雨岩，並留晚飯。檢點大衣箱，託吳君厚生帶回國。至夜一時就寢。

6月21日　星期五

午前買望遠鏡、顯微鏡。光甫由日尼瓦來柏林。午後一時偕吳少耀君到車站接光甫，同往公使館。四時蔣雨岩來談，並約到公使館晚飯。飯後偕光甫、少耀等大街散步。吳厚生兄明晨赴巴黎回國，我的大衣箱託伊帶回。

6月22日　星期六

擬明日偕吳少耀兄往遊瑞典、挪威、丹麥諸國。午前十時赴通記龍買丹車通票，計五百九十馬克。買衣箱，中國飯店午飯。飯後三時偕光甫、少耀乘公共汽車遊覽街市，蔣雨岩公使請吃晚飯。

6月23日　星期日

偕吳少耀兄上午十一時開車往瑞典，下午四時十六分由魯根島乘鐵路渡船（火車亦在船上），八時半渡海完結，九時由馬爾摩開車。是日天雨，渡海有風浪，頭痛作吐。沿途經過海島甚多，風景甚佳，到處皆是松柏，無一塊空土。

6月24日　星期一

上午八時十分到瑞京斯得哥爾摩，遊覽舊城，參觀市政廳。午後參觀現在國王王宮，乘汽車遊覽鄉間風景及湖邊、海邊，參觀國王別墅、王家大公園。是日太陽節，終夜天明。瑞京臨波羅的海岸，建在多數島上，長橋臥龍，風景之佳堪與威尼斯相匹敵，有北方威尼斯之稱。九時五十四分開車往挪威京都格里士特阿拿。

挪威北部亨墨菲斯乃世界最北之港口，終年不冰。每年自五月十三日至七月二十九日，終日不夜，而由十一月十八日至一月二十三日，晝夜不見日光。每年六月二十四日是名聞於世的太陽節，深夜可見太陽。我們既到瑞典，當然乘夜車往挪威，乃于二十四日夜與吳少祐兄乘九時五十四分車往挪威京城（格里士特阿拿），開車時落雨，余又身體不適，遂即就寢。少祐曰雖然落雨，沒有看見太陽機會，但是看看亮光也是很好的。我（少祐）一定等待著，你先睡罷，如果今夜能看見太陽，你將來必定做到○○○地位。至夜大約十二時左右，少祐忽呼太陽出來了，你起來看。余答曰，莫開玩笑，我要睡了。少祐再曰，快起來看，是真的，不是騙你的。我即應聲而起，果見太陽，其形態與平常太陽將出山時候，或將落山時候一樣的很大、很紅。因火車正在行進之際，只見大紅太陽從松林穿來穿去。這是我一生中萬分難得，可遇而不求的機會，能在午夜見太陽。而少祐兄能耐性等候，則其毅力實有過人者也。

6月25日　星期二

昨夜十二時見太陽出來，此乃余與吳少裕大記念也。上午十時二十分到格里士特阿拿參觀舊砲台、博物院，遊覽街市。午後登若克沙高地公園，遠望全市湖山之秀、風景之佳，非筆墨所能罄也。參觀十二世紀末造教堂及三百年前鄉人家屋，該國遍地森林，無空土地。下午六點五分開車，往丹麥京都哥本哈根。

6月26日　星期三

上午八時二十五分車到哥本哈根，遊覽街市，石像陳列館、古宮博物陳列館，午後遊覽海邊及鄉間及森林，參觀三百年前鄉人住屋，偕少裕兄街中散步。近日胃病復發，飲食大減。哥本哈根人口七十萬，每日出口貨約華洋二百五十萬元。

6月27日　星期四

上午十時十分開車往漢堡，午後二時在丹境不忍得火車過海，四時到德境瓦爾門得火車登陸，八時十分到漢堡。

6月28日　星期五

遊漢堡街市，乘船遊港灣，參觀河底地道，計三十二密達深、四百密達長。午後遊覽動物園及易爾白河。夜十一時十分開車往巴黎。

6月29日　星期六

午前七時半過來因河及可可倫恩城，十一時過比國里也巨。比國農工振興，遍地工場。四時過巴黎附近大戰時之戰場，少裕兄並說明一切。午後五時十分到巴黎，即住吳少裕兄家。

6月30日　星期日

午前高公使來談。午後偕少裕夫婦及高公使鄉間遊覽。晚飯後公園散步。

7月1日　星期一

午前偕吳和生往公使館上海樓晚飯。少裕夫婦及和生汽車散步。

7月2日　星期二

午前偕少裕訪高公使，午後偕少裕訪夏奇峯，外出未遇。五時高仰之兄來看胃病，同出買藥。

7月3日　星期三

午後偕夏奇峯遊覽水晶宮（即玻璃房），其建築費約一千萬弗朗，內有風流椅、美人刑、香濱浴。又赴另一處看二女之活春宮，法國人之淫可見一班矣。偕少裕兄森林公園散步，參觀市政府及菜市場一週。

7月4日　星期四

午前偕少祐訪張祥麟君。午後訪高公使。是晚高請晚飯，因胃病未去。偕和生兄上海樓晚飯，飯後乘汽車公園森林吹風。報載閻、蔣又生意見，閻入醫院，一波未了又起一波。擬明日往荷蘭之亞母斯特丹。

7月5日　星期五

上午十時少祐送我到車站，十一時開車，午後二時半過比京不魯捨爾，六時過荷京海牙，七時到阿母斯特丹。此次同車有出席國際商會夏奇峯、郭炳文、張祥麟、史友明四君。晚十一時陳光甫、張公權、朱吟江、梁龍由柏林到阿母斯特丹，亦出席國際商會也。

十二時半就寢。

7月6日　星期六

上午偕光甫街中散步，下午偕蔣雨岩街散步。亞摩斯德丹建海濱九十餘島，以橋梁三百座聯絡之，天色水光相映清絕。商業繁昌，推為外國貿易要津，荷蘭第一大都會，又為全球大金剛石市場。

7月7日　星期日

午前偕蔣雨岩散步，午後仍偕雨岩散步。八時偕光甫、張公權、郭炳文、夏奇峯中國飯店晚飯。飯後看跳舞。十一時回，就寢。

7月8日　星期一

上午偕雨岩散步，參觀商店。午後未出門，看書。晚飯後街中散步，此間形勢頗似威尼斯。

7月9日　星期二

午前偕蔣雨岩散步，十二時半夏奇峯請吃午飯，有光甫、雨岩在坐。一時十五分偕雨岩及荷蘭公使館隨員袁惕往遊馬克根島，該島在須德海之中，有居民一千餘人，其服裝尚古式，且不與島外接姻。七時回城，沿途均係綠草乳牛。

7月10日　星期三

午前偕袁惕、蔣雨岩遊覽博物館及屬地博物館。

中國飯店午飯。飯後四時仍偕蔣、袁二君三特福途海邊浴場觀望海景，七時回城。連日報載唐閻合作，蔣將南歸。

7 月 11 日　星期四

午前十時乘火車往鹿特丹參觀造船廠造砲，該場辦事人請午飯。此行有蔣雨岩、梁云松、袁惕，飯後仍偕蔣、梁、袁三君坐電車往海牙遊覽海邊及森林，到本國使館吃茶，並晤見王亮籌。九時回到亞摩斯特丹。

7 月 12 日　星期五

本國出席國際商會張公權、朱吟江等及同來諸君請照相。午後偕蔣雨岩散步。

7 月 13 日　星期六

本日散步、讀書。

7 月 14 日　星期日

午前偕光甫、白來參觀油畫院、動物園。午後仍偕二君坐船遊覽河流及港灣。晚光甫約王世鼐晚飯，飯後同赴旅館，訪張祥麟諸君談經美洲返國。十二時回，就寢。

7 月 15 日　星期一

午前九時萬國商會約遊須得海，蔣雨岩、陳光甫、梁雲松、張公權、夏奇峯及各國商代表數十人週遊須得海一週。參觀須得海正在建築之長堤及水閘，計二十年後完工，增出工地可容卅六萬人，工程可為浩大。至午後九時回亞摩斯達丹。

7月16日　星期二

擬往美洲。上午八時半偕蔣雨岩、梁雲松往柏林，下午五時到柏林。中國用武力接收中東鐵路，俄國于七月十四日至中國覺書，要三天答復，回復鐵路原狀或因此開戰，亦未可定也。

7月17日　星期三

午前往通記隆詢問由漢堡往美洲船期。現住旅館在使館對門，承蔣雨岩公使招待，每日伙食均係中餐，甚便利也。

7月18日　星期四

公園散步。俄國以我國答復不滿意，二次通牒令我外交官出境，一面令在中國俄外官回國，極積備戰，空氣緊張。余意團結內部，決一死戰，以昭國鑒。

7月19日　星期五

午前散步。蔣雨岩請吃晚飯，有日本住德使館武官等數人，有劉建侯（係交通部郵務司長，出席倫敦郵政會議）數人，有黃浦學生桂永清、胡靖安，又徐培根諸君。余列首坐未免太客氣了。飯後桂、胡二君來談，十二時去。

7月20日　星期六

午前街中散步。午後三時徐培根來談，五時去。本擬明日往埃森參觀工場，因中俄事件發生，蔣雨岩公使無暇同去，故作罷論。

7月21日　星期日

午前十時偕蔣雨岩、梁雲松大森林及河邊散步，十二時回。一時午飯，午後因天氣太熱未出門。中俄事件美主調停，法贊成，日本態度頗堪注意。中國對俄二次通牒不答復，發一宣言告天下。

7月22日　星期一

午前未出門。午後偕蔣雨岩、梁雲松公園散步。光甫來電，由海牙到倫敦。

7月23日　星期二

午前訪桂永清、胡靖安。午後桂夫婦及胡君來談，並同去吃茶。報載中俄事件美辭退調人，俄拒絕法人調停，日人有出面模樣。中國表示願和平，未免太弱，且利用美人調停而無效，而日人吃醋。而國內意見紛紛，可嘆。

7月24日　星期三

午前公園散步，午後未出門。中俄事件政府主張不定，發言太亂，始則強硬，繼則柔弱。連日在使館用本飯，晚間並西飯。數萬里外有此佳味，真正難得。

7月25日　星期四

午前在使館發電光甫，告以壽景偉由印度洋返國，我不願同行，不通外國語言，行動非常困難，只好在柏林暫住。總之靠人難，于此可見。中俄事件稍和緩，雙方均有直接交涉之意，免為帝國主義者造機會也。壽先生本約定與我由漢堡上船，經美洲返國，故在柏林等他。

7月26日　星期五

午前公園散步，午後偕蔣雨岩參觀最新式房屋，雨岩擬舊使館出賣，另購規模較大而新式一處。明晨擬偕雨岩往海邊。

7月27日　星期六

午前八時偕蔣雨岩及陳柱一往斯美乃門得海邊，十一時半到著該處。午後海邊散步，並經過十里松林，風景怡人。紅男綠女海中沐浴，其樂何如。吾國人士終日無益之事，使身體日見衰弱，若與彼部人士相比，殊為可畏。

7月28日　星期日

午前偕蔣、陳二君遊覽斯美乃門得街市海邊及松林中散步，午後大森林中遊覽，並在樹林中進茶點，遊客甚多，幾若世外桃源。不過痔疾大發，行動不自然耳。

7月29日　星期一

午前偕蔣、陳二君赴浴堂洗鹽水浴。十一時五十分仍偕蔣、陳二君由斯美乃門得上車，午後三時十五分到柏林。

7月30日　星期二

午前休息未出門，午後寫信與光甫、惟仁、佶子、影毫，章秋桐來函，要到柏林見面。光甫由倫敦匯來五十鎊。

7月31日　星期三

午前公園散步。近日痔疾大發，德人醫學進步，擬求根本治療法。明日入柏林醫科大學附屬醫院請痔疾專門馬丁博士診治。午後晤馬丁，言明三百馬克手術費。

8月1日　星期四

清晨理髮。十時陳柱一君送我入醫院，一人住房，每日廿馬克。午後四時，馬丁醫生用手術，先打麻藥針二次，不用刀割，用電燃燒，于二十分時間將多年四個痔瘡燒去，並不流血，亦不痛苦，其科學之進步令人驚嘆不已也。

8月2日　星期五

因打麻藥針，昨夜睡臥頗不安。陳君柱一昨日來院三日，今日二次，真令我心感之至。馬丁醫生上午十時來。午後四時另一醫生來。

8月3日　星期六

昨夜睡臥甚安。十一時梁雲松、石□□二人來看我。十二時半陳柱一及醫生來。

8月4日　星期日

昨夜睡稍欠安，十時醫生及陳君來。

8月5日　星期一

昨夜睡臥平常。下午、上午章秋桐兩次來談，伊知識進步，身體強健。午後六時陳柱一及馬醫生來，將肛門象皮管取出，稍痛。馬丁醫生在柏林負勝名，將應韓林春之請赴中國伊其半身不遂。

8月6日　星期二

昨夜睡臥尚安。九時解大便，極痛苦，出血甚多，因五日未解大便之故也。午後馬丁醫生及陳柱一君來。

8月7日　星期三

昨夜睡甚佳，夢見阿彌陀佛。上午十時夏奇峯、蔣雨岩來看我，梁云松亦同來。午後馬丁醫生來，據痔疾甚好。

8月8日　星期四

午前陳柱一來。午後馬醫生來，再過一、二日可出院。介石兄補助旅費四百十鎊，明日復電謝謝。

8月9日　星期五

午前、午後陳柱一來，午後馬丁醫生來，章行嚴來訪。報載中俄在滿洲里會議絕裂，俄飛機試威。明日可出院。

8月10日　星期六

午前偕陳柱一出院，割治之處尚未收口，據醫生云再過二禮拜方可全好。在使館午飯、晚飯均有章行嚴、夏奇峯及法使高曙卿。晚十時回，就寢。此次在醫院共用八百馬克。

8月11日　星期日

偕行嚴、奇峯在旅館午飯，同至使館蔣雨岩處晚飯。因痔瘡刀口未愈，未出門。終日行嚴談學問。

8月12日　星期一

章行嚴回狗頭根。偕夏奇峯使館晚飯，在旅館午飯。

8月13日　星期二

報載閻百川辭職，北方將另接合，國民政府頗感困難。德國有柏林飛船十五日第一次飛行世界，四日可到日本。我託寄家信由日本捎上海，該船可容數十人，可坐可臥。

8月14日　星期三

約梁雲松、夏奇峯旅館午飯。午後銀行取款五十鎊，稍稽若上街買零物。

8月15日　星期四

報載中俄外交惡化，雙方軍隊衝突。夏奇峯請吃午飯，夏今晚回日尼瓦。

8月16日　星期五

午前遊公園。

8月17日　星期六

光甫昨夜由來因河到柏林，午前伊往使館，並在使館午飯。晚蔣公使來談。與光甫在旅館晚飯。

8月18日　星期日

午前偕光甫遊動物園。光甫在公使館請客晚餐。

8月19日　星期一

偕光甫京津飯店午飯，午後章行嚴到柏林。晚偕光甫、行嚴、陳柱一及伊德國女友二人在京津飯店晚飯。蔣雨岩約我商諒中俄交涉。到馬丁醫生處看痔瘡，據四星期後可痊愈。

8月20日　星期二

夏奇峯到柏林，與行嚴、光甫旅館午飯。中國飯店晚飯。郭秉文由捷克到柏林。

8月21日　星期三

偕郭、陳、夏、章中國飯店午飯，蔣公使請吃晚飯。午後偕行嚴往通記隆，訊問回國船票。

8月22日　星期四

約行嚴、奇峯、史友明旅館午飯。在使館晚飯，晤西半牙代辦公使王鄰閣、墺國代辦公使童。

8月23日　星期五

午前偕章行嚴、郭秉文到通記隆詢問經過美洲返國船期。在陳光甫兄之意，由蘇伊士返國可損款，又以美人輕視華人之故。在余之意，經過美洲可以另增知識也。郭君請吃午飯。

8月24日　星期六

非律濱華僑領袖李清泉到柏林來看我，光甫兄請伊在京津飯店午飯。近日痔瘡大有進步，午飯英人白奈及西半牙代辦公使王鄰閣來談。

8月25日　星期日

請李清泉在天津飯店午飯，光甫、奇峯、行嚴、秉文作陪。

8月26日　星期一

偕奇峯、行嚴遊公園，奇峯請吃午飯。四時偕陳柱一君到馬丁醫生處診痔瘡，據云再過二、三星期可復原。李清泉請吃晚飯。

8月27日　星期二

午前英使館秘書邱祖銘君來談，約伊在中國飯店午飯，行嚴、奇峯作陪。

8月28日　星期三

蔣雨岩請李清泉、陳光甫午飯，並請余及德國銀行家作陪，飯後與雨岩談余回國事及今政治之主張。清晨偕郭秉文、章行嚴到通記隆定加拿大皇后船票，九月十九往紐約。

8月29日　星期四

光甫請邱祖銘午飯，余作陪，午後偕邱君購零物。

八時駐奧代辦童德乾請余及光甫、清泉晚飯。據郭秉文云，已代定十月五號由美國西雅圖開往上海之比亞士總統號之船位。

8月30日　星期五

胡靖安、桂永清夫婦來，約余天津飯店晚飯。飯後乘高架電車到遊戲公園遊覽。十一時回。

8月31日　星期六

清晨蔣雨岩來辭行，赴日尼瓦出席國際聯盟會議。十時偕郭秉文、李清泉、陳光甫到使館送行，余並親到車站送行。又偕陳柱一購表六個回國送人，計二百七十多馬克。

9月1日　星期日

上午陳柱一、邱祖銘、郭秉文、李清泉、陳光甫來房談笑話，偕陳、邱二君遊望湖、威廉塔，並在該處午飯。樹林散步，精神爽快。六時訪譚秘書，約伊夫婦津漢飯店晚飯，陳、邱二君陪。

9月2日　星期一

午前譚秘書來談赴美護照。午後偕陳柱一買皮箱及五金零件等物。使館晚飯。

9月3日　星期二

午前偕邱祖銘遊覽美術博物院及威廉皇宮、津漢飯店。午後偕陳柱一、石醉六樹林散步，維廉高閣飯店晚飯。該店健築在河邊，風景頗佳，有音樂，有跳舞場。

9月4日　星期三

午前未出門。午後偕邱祖銘公園散步，湖邊飲茶。八時請李清泉、陳光甫、郭秉文晚飯。

9月5日　星期四

午前偕邱祖銘參觀百貨公司，午後偕陳柱一遊覽公園。章行嚴由狗頭根到柏林，決與余經美洲返國。

9月6日　星期五

午前偕邱祖銘街中購物，午後偕行嚴銀行取款，計二百鎊，係上海銀行借與行嚴。又偕伊到通記隆討論船位，決乘加拿大皇后到紐約。又往訪郭秉文，郭今晚偕陳光甫、李清泉往遊維也納。

9月7日　星期六

午前未出門。午後與邱、章二君到通記隆接洽船票、車票，須禮拜一方可辦成，順便參觀商店，並購物。準于十三日離柏林往比京，十五到巴黎。石醉六在公使館請吃晚飯。

9月8日　星期日

午前偕陳柱一、石醉六、邱祖銘、章秋桐遊覽植物公園，其花木種類甚多，吾人多不知甚。愧克洛尼茲湖邊旅館午飯，該處風景頗佳，邱君約余及章君天津飯店晚飯。飯後到珈琲館看跳舞，男女自由苟合，于此可見。

9月9日　星期一

午前偕章行嚴、邱祖銘到通記隆取船票，計由柏林經紐約、西雅圖到上海，船票、車票每一人價一百卅七鎊（船係頭等，車亦一等，臥車在外）。午十二時請桂永清夫婦、胡靖安天津飯店午飯，陳柱一作陪。偕陳往訪任友銘、徐培根，又■市公園散步。晚偕陳柱一觀劇。十二時回。

9月10日　星期二

午前偕陳柱一君理髮、買錶。午後偕石醉六公園散步，在公使館請館員晚飯，並約任友民、章秋桐作陪。晚飯後與陳柱一、章秋桐祖國加非店遊覽，內有來因河、維也納、君士旦丁種種佈景，又到家庭加非店看跳舞，每棹上均有電話。

9月11日　星期三

光甫、清泉、秉文昨夜由捷克回柏林，光甫請吃午飯，清泉請吃晚飯。午後四時，偕清泉及石醉六遊覽動物園。晚間偕行嚴觀雜戲。又至一加非店，有男人化女人、女人化男人，淫風之甚，從所未見也。

9月12日　星期四

準明晚起程往比京，午前偕行嚴到通記隆定明晚臥車票。公使館午飯，飯後三時偕陳柱一至馬丁醫生處看痔瘡，據云傷口將愈，結果必佳。請李清泉、郭秉文、陳光甫、章行嚴在大飯店晚飯。回寓時路遇王亮疇。

9月13日　星期五

公使館請吃午飯，有王亮疇、陳光甫、章行嚴、李清泉等在坐。飯後與王等打拍克，李清泉請吃後飯。伍克家由美洲到柏林。九時卅分偕章行嚴兄由柏林起身返國，清泉、克家、石醉六、陳柱一等車站送行。

9月14日　星期六

六時半過來因河，十時三十分到比京不魯捨爾。午後三時偕行嚴遊滑鐵盧，六時半回城，晚間觀戲。

擬明日往巴黎。

9月15日　星期日

趁午前十時半特快車，下午二時到巴黎，吳少祏、何千里、楊歧山到車站迎接。三時偕行嚴拜訪少祏夫人，何千里請吃晚飯，少祏請看戲。

9月16日　星期一

午前偕少祏、行嚴到加拿大船公司取船票、車票。往訪楊歧山、何千里，楊在上海樓請吃午飯，五時與何千里談話。少祏請在義大利飯店午飯，國家戲院觀戲。

9月17日　星期二

午前偕行嚴、少祏街坊散步，參觀商店。何千里請在上海樓晚飯（有尹鳳藻、安志拯合肥人在坐）。飯後森林公園散步及吃茶，尹君送我回寓。明日九時五十分車往查堡，趁船赴紐約。本日中秋節，在樹林中賞月。

9月18日　星期三

九時五十分車，午後三時到查堡。楊歧山送到車站，吳晉、何千里送到查爾堡海邊。車行至十一時，聞章行嚴忽覺至美國護照遺失，遍覓無著，同人焦急萬分，大有美洲之行作罷之勢。俟至查堡海關，將先一日托運行李檢查，忽發現，亦可作遊歐又一記念也。九時開船。

9月19日　星期四

天陰未雨而微風，少有風浪。我與行嚴在之第一層房間，係五十號。該船計二萬一千五百噸，設備非常完美。船中有光甫美友人英美煙公斯羅司。

9月20日　星期五

天陰。昨午至今午行四百七十八海里。發電倫敦告陳光甫兄，我們在船中平安。每日時間提早一小時，如夜十二時應改為十一時。

9月21日　星期六

今日天氣較昨前兩日稍佳，船行甚平，余飲食增加。昨午至今早五百零九里。

9月22日　星期日

今日風浪甚大，天氣甚寒，至夜深稍平。昨午至今午行四百九十九里。

9月23日　星期一

今日太陽出現，天氣清和，船行極平。昨午至今午五百二十二里。羅司介紹國民政府懷德顧問之太夫人見面。

9月24日　星期二

今日天晴，風平浪靜，昨午至今午行四百九十九里。船中每日以船行遠近開彩，我得頭彩，計八先令，因買此號有八人之多也。午後檢行李，明日午前九時到紐約。

9月25日　星期三

九時到紐約，熊領事崇智來船迎接。十時上岸，潘光迴君亦來迎接。潘請中國飯，飯後遊覽街市，登五十八層樓參觀電話局。赴海關歡迎郭秉文、李清泉，郭、李二君由歐零乘一船來美，預計在我們之先到埠，反而落後，天下事未可定也。郭請吃晚飯，看電影。

9月26日　星期四

午前偕郭秉文、章行嚴到加拿大太平洋公司接洽往西雅圖火車票，約定明日往取。又遊覽街市，購零物。飯後二時至六時偕章君乘公共汽車遊覽紐約全市，並參觀■旅館。連日報載張發奎在宜昌與南京軍發生■■。

9月27日　星期五

午前偕章君遊覽中央公園。午後三時偕郭、李、章三君到太平洋公司取得火車票，準明日正午十二時十分往華盛頓。又遊覽百貨公司，郭君請吃晚飯。大件行李由紐約直運西雅圖。汪精衛等宣佈南京政府政治失當。

9月28日　星期六

十二時十分開車，郭秉文兄送到車站。午後五時十分到紐約，江亢虎到站迎接。江請晚飯，國會附近散步，參觀上議院事務廳，到江府謁見伊夫人。

9月29日　星期日

偕章行嚴乘公共汽車遊覽華盛頓全市，參觀威爾遜墳墓，林肯記念堂，每次戰爭陣亡將士墓。參觀露天戲院，該院白石造成，用款八百萬美金。參觀圖書館，該館莊嚴宏大，工美料實，世界第一之書館也，內有中國書十二萬部。擬明日午後三時起身往西牙圖。

9月30日　星期一

午前偕行嚴遊覽華盛頓墳，及住宅，及教堂。午後三時廿分開車往芝加哥，江亢虎君送到車站。華盛頓住宅不甚大，墳墓亦極簡單，足見華氏生前與死後平民之精神也。

10月1日　星期二

早九時到芝加哥坐汽車遊覽湖邊及街市，並經過博物院。上午十時三十分開車往西雅圖。

10月2日　星期三

今日經過地方多是平原，一望無邊。尚多未開發，沿途所見不過養羊、牛、馬、雞等場而已。

10月3日　星期四

今晨車過落磯山，遠見山頂白雪甚多。今日火車經過地方或係山巔，或係羊腸小道，到處青松綠柏，風景頗佳。

10月4日　星期五

上午七時卅分到西雅圖，偕行嚴參觀百貨公司及理髮。午後仍偕行嚴乘公共遊覽汽車遊覽西雅圖全部。該市靠山近水，道路整齊，風景極佳，可謂之有山有水，深以不能久居為憾。擬明日上午十一時乘大來公司比亞士總統號返國。

10月5日　星期六

九時上比亞士總統號，十一時開船，我與行嚴同房，係第三層第二十八號房。下午三時到加拿大維多利亞上岸，乘汽車遊覽街市，五時半回船，六時開船。惟上岸時查看護照非常■難，太不平等，令人可恨。

10月6日　星期日

天氣清和，風平浪靜。昨日至今午行二百七十九里，距橫濱尚有三千九百二十一里。晚八時半看電影。

10月7日　星期一

天氣半陰半晴，微有風浪。昨午至今午行三百八十八里，距橫濱尚有三千五百卅一里。正午風浪甚大，晚間即平。

10月8日　星期二

天晴無風，船行甚平，昨午至今午行三百六十一里。現向西行，每日時間應提後四十分，如正午十二時應改作十一時廿分。

10月9日　星期三

昨夜今晨風甚大，船頭搖動。昨午至今午行三百八十七里，距橫濱有二千七百八十五里。

10月10日　星期四

昨午至今午行三百六十六里，巨橫濱尚有二千四百十九里。今日半陰半晴，有風，船動。去年雙十正當北伐完結，統一告成，介石就國府主席，行閱兵禮，集一時之盛，我亦參與此會。今年雙十，統一破，戰未已，到處土匪，民不聊生，良可嘆也。

10月11日　星期五

天陰無風，船行甚平，昨午至今午行三百五十四里。晚間船中開化裝舞會，多著稀奇古怪衣服。深夜風浪很大。

10月12日　星期六

本日下午三點二十五分到經度百八十、緯度四百九至五百二十之間（北），故將本日十二日改作十三日，方可與日本、中國日期相合。

10月13日　星期日

半陰半晴，有風，船動，昨午至今午行三百八十二里，距橫濱尚有一千六百八十三里。

10月14日　星期一

上午晴，下午陰，昨午至午行三百八十五里，距橫濱一千二百九十八里。上午九時船中舉行跑木馬之遊戲，為船客之消遣。余中彩一次，甚喜。

10月15日　星期二

天晴無風，船行甚平。昨午至今午行三百八十里，距橫濱尚有九百十八里。

10月16日　星期三

天氣清和，風平浪靜，如在湖中。昨午至今午行三百六十八里，巨橫濱五百五十里。船中報載各將領通電反對南京政府，舉馮玉祥、閻錫山為總副司令。

10 月 17 日　星期四

昨午至今午行三百四十四里，明晨到橫濱，本日風平浪靜。午前與國府鐵道部顧問美人雷君及前南京美副領事巴君談話。明日擬往遊東京，乘夜車往神戶，再乘原船赴滬。

10 月 18 日　星期五

清晨到橫濱，七時查護照，八時上岸，坐電車。九時到東京，由行嚴介紹訪汪公使榮保（號袞甫），留午飯。飯後一同遊上野公園，參觀美術展覽會，遊銀座大街。黃貫道約吃日本晚飯。乘九時二十分車往神戶。

10 月 19 日　星期六

上午九時四十分到神戶，偕行嚴訪總領事周志成，一同往遊布引，參觀自來水原，滿山松柏，風景甚佳。周君約在日本飯店午飯，飯後回領館談話。往街中散步，並買零物，六時上船。報載蕪湖兵變。

10 月 20 日　星期日

天氣清和，風平浪靜。由神戶至門司均是青山綠水，如此長距離之山水，世所少有也。昨夜一時由神戶開船，至今午行一百五十七里，距上海六百二十一里。

10月21日　星期一

天晴無風，昨午至今午行四百〇七里，尚有二百十四里，明日清晨到上海。午後分賞船上茶酒錢，與行嚴二人共費美金五十三元，計餐室廿元、房間廿元、浴室四元、酒排間四元、刷鞋三元、茶室二元。

10月22日　星期二

晨六時到岸，八時過江。楊敦甫、朱承章、小三爺、影毫、佶子在海關迎接，住一品香，小有天午飯。楊敦甫在杏花樓請吃晚飯，飯後往訪朱子謙。

10月23日　星期三

午前九時訪上海銀行楊敦甫、朱承章，訪光甫嫂夫人。偕三先生趁十二時四十分車回蘇，影毫、佶子早車回蘇。晚間佛菴、影毫來談。

10月24日　星期四

午前往羅先生家，並午飯，有亞威在坐，並晤顏芝卿、何小泉。偉國請吃晚飯，佶子、亞威、芝卿、影毫、佛菴作陪。三先生往南京送信與介兄，告以由歐美返國。

10月25日　星期五

今日張亞威請遊船，上午九時在張家門前上船，午飯、晚飯均在船中，佶子、影毫、芝卿、何小泉均在舟中。午後一時遊虎丘，晚六時回家。

10月26日　星期六

午前訪佛菴、芝卿，至新園，又理髮。影毫請吃午飯，飯後遊曾園，參觀蔣家新購南園地片。

10月27日　星期日

午後到新園。三先生由甯來蘇，晚車赴滬。介兄來函，日內將出發督師。我擬禮拜二偕三先生赴甯，謝其接濟出洋旅費。

10月28日　星期一

午後偕羅先生樂群沐浴。午前整理樹木，晚章誠菴來談，易演初擬來蘇看我。

10月29日　星期二

偕小三爺來。上午十一時車往南京謁介兄，至無錫，閱報始知介兄昨日啟行往武漢督師，殊為悵悵。到京後住小三爺家，往晤戴季陶，留晚飯。飯後訪陳果夫，擬明晨往上海。

10月30日　星期三

五時起身。六時出城。乘上午七時車，二時十分到滬，住滄洲飯店。晚在朱家晚飯。楊敦甫午後四時來談。

10月31日　星期四

乘上午九時車，十一時到蘇州。

11月1日　星期五

上午八時偕顏芝卿到閶門鐵路飯店訪易部長培基，張誠菴在月賓樓請易午飯，我作培。飯後進城往羅家，高季堂晚由滬來，趁夜車赴甯。

11月2日　星期六

上午八時惟仁及羅佶子夫婦、顏芝卿到閶門。約易培基夫婦等遊船，並吃酒，遊覽天平山，至晚八時始歸。天平山楓樹正紅，風景尚佳。

11月3日　星期日

午前到曾家、凌家，午後易培基夫婦來。

11月4日　星期一

午前偕影毫在新園量地，惟仁等在新園種豆。佶子請午飯，飯後樂群社沐浴。連日國軍與馮軍在豫西大戰。

11月5日　星期二

上午到謝家。凌毅然請吃午飯。觀前散步，護龍街買書桌、椅子。

11月6日　星期三

午前念經。午後偕佶子到曾園看紅葉。

11月7日　星期四

今日新園植樹，羅家午飯。擬明日赴滬訪馬尼剌僑商李清泉，因在歐美相往來也。

11月8日　星期五

十一時到車站，十二時半開，二時半到滬。住一品香八十六號。六時半楊敦甫來談，並留晚飯。

11月9日　星期六

午前九時半到上海銀行晤華僑李清泉、薛芬士。薛初次到申，購得跑馬香濱彩計二十二萬元。偕三先生會賓樓午飯，在先施公司遇黃膺白，約明日午後到伊家晤談。到朱子謙家晚飯，伊大太太今早病故。慎之弟八時來談老家事務。

11月10日　星期日

午前在武定路一百〇一號接見文叔、敬叔、道叔、方叔、天植和均諸姪輩，約伊等在會賓樓午飯。午後訪黃膺白談話，二小時之久，彼此對于時局均消極。晚在天發池沐浴，擬明晨赴杭州。

11月11日　星期一

乘上午八時車往杭州，在車中遇張靜江。此次來杭專為訪張，而不知伊昨日到滬，未免多此一行也。下午一點四十分到杭，先到來音小築訪張夫人，即至新新旅館五十三號房下榻。遊覽湖邊，五時半回旅館。

11月12日　星期二

午前遊覽玉泉寺、靈隱、龍井，午後遊覽劉莊、淨慈寺、汪莊、秦月、玉山、城隍廟及湖邊。觀其市政較前大有進步，實東南之冠也。今日天氣清和，既無風而太陽不烈，真所謂秋高氣爽，使我無限愉快。張靜江請吃晚飯，以省政朱、陳各廳長作陪，十時回旅館。

11月13日　星期三

靜江午前八時來新新旅館訪，留早飯，同到伊公館。張夫人擬赴滬，我擬回蘇州，故同乘上午九時五十五分車。伊下午二時十分到滬，我由滬三時開車，五時半到蘇州，誤時卅分。

11月14日　星期四

午前到羅家偕佶子影毫處，並午飯。午後新園工作。

11月15日　星期五

午前新園工作。午後佶子、影毫來談。

11月16日　星期六

新園工作。與影毫、佶子商定新園路線及荷塘地位之大小。

11月17日　星期日

午前新園工作。午後曾園遊覽，鄒園購花。晚間張亞威來談。

11 月 18 日　星期一

新園工作。伍克家夫人來問克家在歐洲信息，亞威夫婦來打牌。夜接果夫來電，介兄約我到前方晤面。

11 月 19 日　星期二

午前新園工作。偕羅偌子先生乘十二時三十分車赴滬，二時半到滬，住一品香。四時到上海銀行晤楊敦甫，託購由南京至漢口船票。敦甫九時送船票來，係二十二在南京開之瑞陽丸。

11 月 20 日　星期三

午前訪張岳軍。午後訪楊笑天。偌子三時車返蘇，偕叔仁大中晚飯，偕叔仁夜車赴南京。近日豫中大戰，中央軍勝利，而兩廣又將生變化，真四方多事之秋也。

11 月 21 日　星期四

午前七時到南京，住下關東南飯店。偕三先生遊覽夫子廟及雨花台。午後訪陳果夫、陳立夫，謁總理靈墓。擬明晨趁瑞陽丸赴漢口，又大觀園沐浴。馮軍敗退，中央軍到洛陽。

11 月 22 日　星期五

七時上船，八時開輪往漢口。今日天氣清和。下午二時過蕪湖。

11月23日　星期六

上午七時半過華洋，九時半過小孤山，下午二時半到九江。三時由九江開輪，六時十五分過武穴鎮。

11月24日　星期日

上午九時半到漢口，而介兄已於昨午後五時東下。張文白兄十一時來談前方勝利情形，我擬明日上午趁飛機赴甯，遣用人乘船赴甯回蘇。文白十時來談，十二時去。

11月25日　星期一

午前九時由漢口坐飛機，張文白送到機站。機中遇朱一民，十時卅分到九江，午十二時過安慶，一時過蕪湖，一時四十分到南京。總部派副官宣家璋來接，住城內大華飯店。晚九時晤介石兄，伊仍能與桂方合作。趁十一時夜車回蘇州。

11月26日　星期二

晨五時四十分到蘇州，七時晤佶子，商量蔣桂合作。吾只希望息內爭以對外，使人民安居樂業而已。佶子午十二時卅分車往上海，轉香港。可以和平與否，全在上天作主。本日新園工作，修樹開塘。影毫晚間來談。

11月27日　星期三

佶子上午由滬回蘇，因無船，須趁三十日日本船赴港，伊廿九再赴滬。本日新園工作，並規定植樹地位。

11月28日　星期四

本日新園工作，晚間並植樹。晚間張亞威、羅偕子來談話。

11月29日　星期五

新園植樹。偕子午車赴滬，轉香港。

11月30日　星期六

本日往蔣園，約張亞威、顏芝卿午飯。蔣家請吃晚飯。

12 月 1 日　星期日

新園工作。蔣家約午飯，午後訪凌毅然。俄兵攻黑省，國軍欠利。

12 月 2 日　星期一

新園工作，觀前沐浴。近日桂派與張發奎將攻廣州，中央出兵增援。

12 月 3 日　星期二

今日天雨未出門。馴兒過生日，大家吃素。午後一時張叔怡、楊勉齋來請援救蘇宗轍等。五時魯書、廷才、德卿由滬來。

12 月 4 日　星期三

魯書、德卿午車回滬。佶子來電，已到港。午後往曾園，到梅家。石友三所部擬派往兩廣討桂派與改組派，在浦口上船，忽有一部譁變，向蚌埠逃去。

12 月 5 日　星期四

新園工作。

12 月 6 日　星期五

張廷才來報告石友三部譁變情形，聞韓復榘亦通電反對中央。三先生由滬來，午後張回甯，三先生仍回滬。新園工作。

12月7日　星期六

三先生午前九時由滬到蘇，隨趁十一時車赴甯。亞威、影毫來談，並午飯。石友三變後，聞他方將領將有響應者。而廣東連日正在激戰，大局前途，殊難斷定。

12月8日　星期日

昨日午後三時常州兵變，掘毀鐵路。唐生智、宋哲元、孫良誠、馬鴻逵、陳調元及其軍事領袖三十人通電息內爭禦外侮，反對南京政府。午後何亞龍、張亞威、周克讓來談。

12月9日　星期一

昨夜黃渡鐵橋被反政派掘斷，湖南主席何健通電反蔣，與唐生智一致行動，王金玉、王均同時響應。南京政府處此境界，大有土奔瓦解之勢。午後樂群沐浴，遇何亞龍等。三先生昨夜由甯到蘇，午車赴滬。

12月10日　星期二

至曾家偕凌毅然到張亞威家。黃渡鐵路橋掘毀，尚未修好。

12月11日　星期三

今日在新園開掘塘中古井，該塘約英尺三尺五寸寬，全係整磚，大約係明朝建築。午後偕影群沐浴。連日粵桂兩軍在廣州附近大戰。

12 月 12 日　星期四

新園開工築路。晚間張亞威來談，並留晚飯。

12 月 13 日　星期五

報載桂軍與張發奎攻廣州失利。梅福安午車送湘君、馴兒赴滬。佶子明晨可到滬，伊此次奔走兩廣事，無大進步。

12 月 14 日　星期六

五時起身。趁七時四十分車赴申，十一時到滬。佶子昨夜由港到滬，伊夜車偕三先生赴甯晤介兄。近日時局稍和緩。

12 月 15 日　星期日

緯國早車赴蘇。梅佛福午車赴蘇。三先生午後到滬。

12 月 16 日　星期一

午前偕三先生往上海銀行晤楊敦甫。到朱家午飯。今日將和貴里房屋出售。

12 月 17 日　星期二

羅先生由蘇來滬。楊敦甫來談。擬明日夜車赴南京。

12 月 18 日　星期三

午前到先施購衣料，送楊敦甫先生嫁女禮。到一品香晤羅先生，同往大中午飯。午後王德均來見。今夜車赴南京。

12 月 19 日　星期四

八時到下關，適大雪約二尺，路為之阻，汽車駛行困難，至十時始到城內大華飯店。十二時晤介兄，我主連合各方和平統一。午後晤陳果夫、張靜江。趁夜車回蘇，與靜江同車。

12 月 20 日　星期五

晨八時到蘇，因雪遲誤三小時。約佶子、亞威，決定佶赴港和桂，亞赴津調查各方情形，並與劉子雲等晤面。

12 月 21 日　星期六

午前赴佶子家午飯，佶午車往滬赴港。午後與亞威談話，伊明日往赴津。明日冬至，今日祭祖。

12 月 22 日　星期日

昨夜大雪，午前偕偉國到影毫家，一同到南園、曾園、鄒園、李健時園、凌毅然園踏雪，松鶴樓午飯，飯後沐浴，四時回。

12月23日　星期一

新園觀雪。亞威、影毫、福安來談，並留晚飯。亞威由滬來，晚間來談伊明日仍赴滬趁船赴津。季堂到滬，擬明晨赴滬見面。

12月24日　星期二

五時起身。六時半到車站，八時開車，十一時廿分到上海。午後訪王季文。晚張亞威來談，伊明晨赴青島。

12月25日　星期三

午前往上海銀行訪楊敦甫，午後訪王季文。晚曾啟周來，同去沐浴。

12月26日　星期四

天雨未出門。太湖流域土匪甚多，民不安居。河南將大戰，閻錫山態度頗堪注意。

12月27日　星期五

午後訪王季文，晚往朱家。

12月28日　星期六

趁九時〇五分車，十一時到蘇州。今日落雨未出門，影毫來談，並留晚飯。

12 月 29 日　星期日

新園監工築塘堤，並打塘內梅花樁，預備造亭。

12 月 30 日　星期一

新園監工築塘堤，並偕影毫南園看地皮。

12 月 31 日　星期二

午前、午後兩次到新園監工築塘。午後偕影毫觀前散步，品芳居吃茶。趁三時廿分車往滬，因誤點，至七時到滬。

本年國內戰爭不已，余雖赴歐美遊歷，身心均安，但人民因戰事及年荒困苦萬分。吾人惟有希望明年能停止戰爭，使百姓安居，余願足矣。

雜錄

117 Emerald Hill Road, Singapore

東林影戲館

四十三　九月十五日未付

道咸同光名人手札　商務印書館

五月一日發　叔仁　五月廿四日

楊敦甫表　六十六馬克

朱承章表　五十八馬克

石蘊玉而山輝，水含珠而川媚。

飯要嚼便嚥，路要看便走，話要想便說，事要思便做，友要擇便交，氣要忍便動，財要審便取，衣要慎便脫。

以無厚入有閒。

反既老於未孩。

以銅為鏡則衣冠可正。

以古為鏡則興替可觀。

以人為鏡則得失可知。

于峻吉天津人（號謙六）。

內則讀書習字令人起敬，外則忍氣寡言令人起慕。係曾文正勸友人。

女手表美金三十二元半。

阿彌陀佛十四馬克。

駝絨衣美金十七元半。

德國皮鞋廿四馬克。

皮箱四十八馬。

帽廿五馬。

便帽八馬克。

瑞士做洋服一身約國幣一百三十元。

洋服衣箱八十五馬克。

顯微鏡十二馬克。

望遠鏡七十二馬克。

灰夏衣兩鎊十七 先令六。

皮手套十先六。

黃夏衣一套兩鎊六先令。

毛衛生褲十五先六。

掛十先六。

綢外衣二十二先令六。

布臥衣一套十先六。

二條毛毯五鎊五先令。

綢沐浴衣二鎊二先。

駱駝絨臥衣三鎊三先令。

毛背心一鎊二先。

領夾板六先令六。

領帶二條各三先六又二先六。

皮鞋鎊三先令六半士。

倫敦黑皮鞋二十七先令六半士。

汗衫一百十弗一套。

禮服襯衣一件五十五弗、一件七十五弗。

領帶卅三弗。

襯衣七十五弗朗。

鞋套鈎二弗又二五。

禮服領帶十二弗朗半。

鞋套六十五弗朗。

黃皮鞋一百四十弗朗。

二十五鎊換三千〇七十七弗朗。

三國志群學社。

拜客。

民國日記 40

吳忠信日記（1926-1929）

The Diaries of Wu Chung-hsin, 1926-1929

原　　著　吳忠信
主　　編　王文隆
總 編 輯　陳新林、呂芳上
執行編輯　李佳若
文字編輯　林弘毅
封面設計　陳新林
排　　版　溫心忻、盤惠秦

出　　版　開源書局出版有限公司
香港金鐘夏慤道 18 號海富中心
1 座 26 樓 06 室
TEL：+852-35860995

民國歷史文化學社 有限公司
10646 台北市大安區羅斯福路三段
37 號 7 樓之 1
TEL：+886-2-2369-6912
FAX：+886-2-2369-6990

http://www.rchcs.com.tw

初版一刷　2020 年 8 月 31 日
定　　價　新台幣 350 元
港　幣　90 元
美　元　13 元
I S B N　978-986-99288-8-5
印　　刷　長達印刷有限公司
台北市西園路二段 50 巷 4 弄 21 號
TEL：+886-2-2304-0488

國家圖書館出版品預行編目 (CIP) 資料
吳忠信日記 (1926-1929) = The diaries of Wu Chung-hsin, 1926-1929 / 吳忠信原著 . -- 初版 . -- 臺北市 : 民國歷史文化學社 , 2020.08

面;　公分 . -- (民國日記 ; 40)

ISBN 978-986-99288-8-5(平裝)

1. 吳忠信　2. 傳記

782.887　　109011898